新潮新書

北川 央
KITAGAWA Hiroshi

大坂城

秀吉から現代まで 50の秘話

932

新潮社

大坂城　秀吉から現代まで 50の秘話——目次

第一章　豊臣秀吉

第二章　大坂の陣

第三章　戦《いくさ》のあと

第四章　大坂城史

第一章　豊臣秀吉

一　秀吉の顔

天下統一の覇者・豊臣秀吉が亡くなったのは、四百二十年以上も前のことである。したがって、筆者はもちろん、現代に生きる者は誰一人として秀吉に会ったことはない。けれども我々は面識もない秀吉の顔を知っている。いや、知っていると思っている。それはなぜか。

歴史の教科書をはじめ、歴史雑誌やテレビ番組などで、繰り返し「あの顔」が使われるからである。「あの顔」とは京都・高台寺所蔵の豊臣秀吉画像や、宇和島伊達文化保存会所蔵の豊臣秀吉画像の「あの顔」である。

高台寺本は秀吉側近の田中吉政が作らせたもので、慶長三年（一五九八）八月十八日付の賛がある。宇和島伊達文化保存会本もやはり秀吉側近の富田信広が作らせたもので、慶長四年二月十八日付の賛がある。両作品とも秀吉が亡くなって半年以内に製作された肖像画である。

秀吉は亡くなる際、死後自らを神として祀るよう遺言した。秀吉自身は「新八幡」という神号を望んだが、これについては勅許を得られず、朝廷は「豊国大明神《とよくにだいみょうじん》」という神号を秀吉に贈った。慶長四年四月十七日のことである。翌日、京都・東山の阿弥陀ヶ峰の麓に造営された壮大華麗な社殿に正遷宮《しょうせんぐう》が行われ、秀吉は神として祀られることになった。

こんにち我々は「豊臣秀吉画像」と呼んでいるが、それらの作品は、実は俗人武将・豊臣秀吉を描いた肖像画ではなく、神になった秀吉、すなわち「豊国大明神」の神影《しんえい》なのである。そのため、それまでの武将像とは違い、秀吉は神殿の中に坐す姿で描かれる。

「豊国大明神」を祀る神社は、京都・東山の本社だけでなく、各地の大名領内や豊臣秀頼が復興した寺社の境内、また秀吉ゆかりの地などに数多く分祀された。そのため、「豊国大明神」の神影も量産されることになった。高台寺本や宇和島伊達文化保存会本もそれらの一例に過ぎない。

「豊国大明神」の神影は、大坂夏の陣で豊臣家が滅亡するまで製作された。この間に作られた神影は相当数にのぼるが、それらは先の高台寺本や伊達文化保存会本の系統、サンフランシスコ・アジアミュージアム本（旧牟田口家本）や京都・禅林寺（永観堂）本の系統、京都・等持院本や畠山記念館本の系統、大阪・豊国神社本や大阪城天守閣本の系統など、いくつかの系統に分類できる。

サンフランシスコ・アジアミュージアム本は施薬院全宗《やくいんぜんそう》が作らせたもので、慶長四年四月十八日付の賛がある。等持院本は杉原長房が作らせたもので、慶長四年八月十八日付の賛がある。大阪・豊国神社本は豊臣秀頼が自筆で「豊国大明神」の神号をしたため、大和小泉藩主片桐家に伝来したものである。いずれの系統の作品も、秀吉没後まもない時期に描かれたもので、しかも秀吉をよく知る近親者や奉行・大名らが作らせているので、それなりに似ているはずであるが、系統ごとに秀吉の顔はまったく異なる。

筆者は、高台寺本や伊達文化保存会本も秀吉画像の一系統に過ぎないことを知ってもらおうと、テレビ局や出版社の担当者に「こんな顔もありますよ」と、積極的に他の系統の秀吉画像を紹介するのであるが、彼らからはいつも決まったように「似てない」の一言が返って来る。秀吉に会ったことがないにもかかわらず、である。

かくして、「あの顔」は今日も拡大再生産を続けている。しかし、江戸時代の人々は「あの顔」の秀吉を知らなかった。

大坂夏の陣で豊臣家が滅亡すると、徳川幕府は秀吉から「豊国大明神」の神号を剝奪し、以後は仏式で供養すべしと命じた（「台徳院殿御《たいとくいんでんご》実紀《じっき》」）。これにより「豊国大明神」の神影が表に出ることはなくなり、「あの顔」が秀吉の正しい顔として広く世間に普及するのは明治維新以後のことである。その結果、近代以降の画家たちの描いた秀吉はすべて「あの顔」の制約を受けている。

『絵本太閤記』の秀吉
（大阪城天守閣蔵）

それに比べ、江戸時代の絵師たちは、自らが抱くイメージで自由奔放に秀吉を描いた。とりわけ江戸時代の人々に浸透した秀吉の容貌は、太閤人気に火を付けた『絵本太閤記』の挿絵に描かれた秀吉であろう（上）。『絵本太閤記』に慣れ親しんだ江戸時代の庶民が「あの顔」を見たら、ほとんどの人が「似てない」と言うに違いない。

二　秀吉の父

豊臣秀吉の出生については、一般的に、織田信長の父・信秀の足軽を務めた木下弥右衛門と母（のちの大政所《おおまんどころ》）との間に生まれ、姉（のちの瑞龍院日秀《ずいりゅういんにっしゅう》）一人がいたが、父弥右衛門が早くに亡くなったため、母は筑阿弥《ちくあみ》と再婚し、弟秀長と妹旭が生まれた、と理解されている。

この通説の根拠になっているのは、土屋知貞の著した『太閤素生記《たいこうすじょうき》』である。

土屋知貞は、徳川幕府の二代将軍秀忠、三代将軍家光に仕え、彼の父円都《えんいち》は徳川家康に近侍した。

その『太閤素生記』には、尾張国愛知郡中村（名古屋市中村区）は、上中村・中中村・下中村に分かれていたが、「秀吉ハ中々村ニテ出生」し、「天文五丙申年正月大朔日丁巳日出ト均ク誕生」とある。秀吉は天文五年（一五三六）正月元旦に日の出とともに誕生したというのであるが、いかにも英雄の出生譚らしく、信じがたい。

秀吉はのち天下統一に邁進《まいしん》する中、何か事件や出来事があるたびに、右筆でお伽衆《とぎしゅう》の大村由己《ゆうこ》に命じ、自らの事績をまとめさせた。『惟任謀反記《これとう》』『柴田合戦記』『聚楽行幸記』など十三編が知られ、総称して「天正記」と呼ばれる。それらの内『関白任官記』に「誕生の年月を算《かぞ》ふるに、丁酉二月六日吉辰《きっしん》なり」とあるので、秀吉の誕生日は正しくは天文六年二月六日であったことがわかる。

さて、『太閤素生記』では、秀吉の父木下弥右衛門は「中々村ノ人、信長公ノ親父信秀織田備後守鉄炮足軽也」とし、秀吉と姉とは父母を同じくする姉弟で、「秀吉八歳ノ時、父弥右衛門死去」と記す。『太閤素生記』は天文五年正月元旦誕生説をとるので、秀吉八歳の時に亡くなったということは、弥右衛門は天文十二年死去ということになる。一般に鉄砲が種子島に伝えられたのも同じ天文十二年とされるので、弥右衛門が鉄砲足軽だったとは到底考えられない。

そして『太閤素生記』は、織田信秀の同朋衆《どうぼうしゅう》であった竹阿弥（筑阿弥）が病気になって故郷中中村に戻り、後家となっていた秀吉の母と結婚して、「男子一人、女子一人、秀吉ト種替リノ子」が生まれたとする。男子秀長は幼い頃、「竹阿弥子タルニ依リテ小竹ト云シ」ともある。

秀吉とは「種替り」の弟とされる秀長は、天正十九年（一五九一）正月二十二日に亡くなり、享年五十二歳であったというから、彼は天文九年の生まれということになる。弥右衛門死去が天文十二年であるから、彼は弥右衛門の生前に生まれたことになり、彼が真実、竹阿弥の子であったとすると、秀吉の母は弥右衛門という夫がありながら、竹阿弥と関係を持ち、秀長を生んだことになる。

あるいは「種替り」というのが誤伝で、秀長も秀吉と同じく弥右衛門の子であった可能性もあるが、京都の儒医江村専斎の著した『老人雑話』にも、天正十一年の賤ヶ岳合戦の際、秀長のふるまいに激怒した秀吉が諸将の面前で「身と種違ったり」と秀長を罵倒したと記されている。専斎は加藤清正に仕え、寛文四年（一六六四）に百歳で没しているので、秀吉と同時代を生きた人々の間では、秀吉と秀長は異父兄弟であるとの認識が一般的であったらしい。

妹旭は天正十八年正月十四日に亡くなった。享年四十八歳であるから、彼女は弥右衛門が亡くなったとされる天文十二年の誕生ということになり、彼女の父を竹阿弥とすることについても、やはり疑問が生じる。

このように『太閤素生記』の記述には疑問点が多く、そのまま鵜《う》呑《の》みにすることはできない。

『太閤素生記』より早く成立した秀吉の伝記に『太閤記』がある。著者は池田恒興、豊臣秀次らに仕えた小瀬《おぜ》甫《ほ》庵《あん》で、寛永四年（一六二七）に刊行された。

この『太閤記』には秀吉について、「父は尾張国愛智郡中村之住人、筑阿弥とぞ申しける」「筑阿弥が子なればとて、しばしが程は小筑とぞ呼給ひける」とあり、秀吉は「筑阿弥（竹阿弥）」の子であるとする。こうなるともはや何が真実なのかさっぱりわからない。

秀吉の軍師として名高い竹中半兵衛の子重門《しげかど》が著した秀吉の伝記『豊鑑《とよかがみ》』では、「あやしの民の子なれば、父母の名も誰かは知らむ」としている。

天下人になったのちも、秀吉は父の墓も菩提寺も建立せず、法要さえ営まなかった。母はともかく、父については「誰かは知らむ」とするのが正解かもしれない。

三　秀吉の兄弟姉妹

豊臣秀吉には、姉・弟・妹がそれぞれ一人ずついた。

姉はのちに「瑞龍院日秀」の法名でよばれる女性で、土屋知貞の著した『太閤素生記』によると、秀吉と父母を同じくし、尾張国愛知郡中中村（名古屋市中村区）で生まれたという。

この姉は弥介という男と結婚し、秀次・秀勝・秀保の男子三人を生んだ。『祖父物語』は、尾張国朝日村（愛知県清須市）の住人・柿屋喜左衛門の祖父が語った話を聞き書きしたもので、寛永十九年（一六四二）の成立と考えられるが、そこには「海東郡ノウチオトノコウト申所ニ弥介ト云ツナサシアリ。是ハ藤吉郎姉ムコナリ」とあり、秀吉の姉婿・弥介は尾張国海東郡乙之子《おとのこ》村（愛知県あま市）の人で、「綱差《つなさし》」の仕事をしていたという。「綱差」とは、鷹匠の下司で、鷹の管理を職務とした。鷹狩の獲物が潜んでいるように、鳥類が住みやすい環境を維持することも仕事で、餌付けも行なった。弥介ら夫婦の長男秀次が、のちに阿波の名族三好康長の養子となったため、弥介も三好氏を称し、「三好吉房」を名乗った。入道して「一路」と号し、「三位法印」とも呼ばれた。

弥介ら夫婦の子は、長男・秀次が秀吉の後継者として関白となりながら、謀叛の疑いをかけられて、文禄四年（一五九五）七月十五日、高野山で自害。

次男・秀勝は、淀殿の妹・江を正室に迎え、丹波亀山城主、さらに岐阜城主となったが、第一次朝鮮出兵（文禄の役）の最中、天正二十年（＝文禄元年）九月九日、唐島（巨済島）で病死。

三男・秀保は叔父・秀長の後を継いで大和郡山城主となったが、文禄四年四月十六日、山間の地・十津川で急死。三人は、天正二十年から文禄四年の間に相次いで亡くなった。

尼となった日秀は、息子たちの菩提を弔いながら九十三歳まで長命を保ち、寛永二年（一六二五）四月二十四日に亡くなっている。

秀吉の弟・秀長は、『太閤素生記』によれば、秀吉の母が竹阿弥（筑阿弥）と再婚して生まれたという。兄秀吉の右腕として活躍し、大和・紀伊・和泉の三ヶ国と伊賀の一部を領する大和郡山城主となり、世に「大和大納言」と称されたが、天正十九年（一五九一）正月二十二日、五十二歳でこの世を去った。

妹・旭も秀長と同じく竹阿弥の子とされる。副田《そえだ》甚兵衛なる男と結婚していたが、徳川家康の臣従を目論む兄・秀吉によって強制的に離縁させられ、家康の後室となった。天正十八年正月十四日、享年四十八歳で生涯を閉じた。

ところで、信長・秀吉に親しく接したイエズス会宣教師ルイス・フロイスは天正十五年に起きた興味深い事件を書き留めている（フロイス『日本史』）。

ある日、伊勢国から一人の若者が、美しく豪華な衣装を着た二、三十名の身分の高い武士を従えて大坂城に現われた。彼は「関白の実の兄弟と自称し、同人を知る多くの人がそれを確言し」た。思わぬ事態の勃発に秀吉は母・大政所に対し、「かの人物を息子として知っているかどうか、そして息子として認めるかどうかと問い質した」。大政所は「その男を息子として認知することを恥じたので」、「彼の申し立てを否定し」、「そのような者を生んだ覚えはない」と嘘をついた。大政所が「その言葉をまだ言い終えるか終えないうちに、件《くだん》の若者は従者ともども捕縛され、関白の面前で斬首され、それらの首《こうべ》は棒に刺され、都への街道筋に曝《さら》された」というのである。

しかし事件はこれで終わりではなかった。

三、四ヶ月後、「尾張の国に他に自分の姉妹がいて、貧しい農民であるらしいことを耳にした」秀吉は、「己れの血統が賤しいことを打ち消そうとし」、彼女を「姉妹として認めそれ相応の待遇をするからと言い、当人が望みもせぬのに彼女を都へ召喚するように命じた。その哀れな女は、使者の悪意と欺瞞《ぎまん》に気が付かず、天から良運と幸福が授けられたものと思いこみ、できるだけの準備をし、幾人かの身内の婦人たちに伴われて都に出向いた。しかるにその姉妹は、入京するやいなやただちに捕縛され、他の婦人たちもことごとく無惨にも斬首されてしまった」というのである。

フロイスは、「このように関白は己れの肉親者や血族の者すら己れに不都合とあれば許しはしなかったのである」と記す。

秀吉には瑞龍院日秀、秀長、旭以外にも弟・妹がいたらしい。

四　若き日の秀吉

土屋知貞の『太閤素生記』によると、秀吉の父木下弥右衛門は秀吉八歳の折に亡くなったが、秀吉のために永楽銭一貫文を遺したという。

天文二十年（一五五一）、十六歳の時に秀吉は、その遺産の一部を手に故郷・尾張国中中村（名古屋市中村区）を出た。まず清洲城下（愛知県清須市）に赴いて、持《も》ち金全てを木綿針《めんばり》に換え、道中、この針を売りながら、鳴海《なるみ》（名古屋市緑区）、遠江国浜松（静岡県浜松市）、そして久能《くの》（静岡県袋井市）に至り、その地の城主で、今川家家臣の松下加兵衛に仕えるようになったとする。

一方、小瀬甫庵の『太閤記』によると、秀吉は十歳の頃から人の家の「奴婢」となり、その後は「流牢（浪）之身」となって遠江・三河・尾張・美濃四ヶ国を歩きまわったという。ひとときとして同じところに暮らすことなく、各地を転々としたが、二十歳の頃、

「遠江国之住人松下加兵衛尉」に仕えることになったとする。

『太閤素生記』『太閤記』ともに、若き日の秀吉が故郷を出て各地を放浪した末、松下加兵衛に仕えることになったという大筋に違いはない。

秀吉自身、北条氏直に宛てた天正十七年（一五八九）十一月二十四日付の宣戦布告状で、「秀吉、若輩之時、孤と成て」と述べており、毛利氏の使僧として著名な安国寺恵《あんこくじえ》瓊《けい》は天正十二年正月十一日付の書状で、秀吉について、「乞食をも仕候て存ぜられ候仁」と書いている。

「乞食」に関しては、イエズス会宣教師のルイス・フロイスも、秀吉は「今なお、その当時のことを秘密にしておくことができないで、極貧の際には古い蓆《むしろ》以外に身を掩《おお》うものとてはなかったと述懐しているほどである」と記している（フロイス『日本史』）。

ところで、このフロイス『日本史』には、秀吉は「貧しい百姓の伜《せがれ》として生まれた。若い頃には山で薪を刈り、それを売って生計を立てていた」とも記される。

この話は相当知られていたらしく、イエズス会宣教師ジアン・クラッセがまとめた『日本西教史』に「此人（秀吉）は元来鄙賤《ひせん》の生れなり」「此人の生業は樵夫《しょうふ》にして、林中に於て樹木を伐り之を売り以て其食用品を求めんと欲し、毎日伐木の一担を肩にし市街に行きたりと云ふ」とあり、李氏朝鮮の宰相柳成竜も『懲毖録《ちょうひろく》』で「さいしょ薪を売って暮らしをたてていた」と書いている。

イエズス会の「一六〇〇年及び一六〇一年の日本年報」には「彼（秀吉）はその出自がたいそう賤しく、また生まれた土地はきわめて貧しく衰えていたため、暮らしてゆくことができず、その生国である尾張の国に住んでいたある金持の農夫のもとに雇われて働い」ていたとあり、「このころ彼は藤吉郎と呼ばれていた。その主人の仕事をたいそう熱心に、忠実に勤めた。主人は少しも彼を重んじなかったので、いつも森から薪を背負って来ることを言いつけることしか考えなかった。彼は長い間その仕事に従事していた」とするが、文禄三年（一五九四）に来日したスペインの貿易商アビラ・ヒロンの著した『日本王国記』には、秀吉に理解を示す主人の姿が記される。

「その頃美濃の国の辺境に、さる裕福な百姓がいたが、他の大勢の下男にまじって、中背の、おそろしく勤勉で、また実にものわかりのよい、藤吉郎という若者がいた。しかし、なにしろこの家では、他の仲間といっしょに山から燃料のたきぎを担いで持って来るというのが仕事だった」。「ある日のこと、たきぎの焚き方について、この家の他の下男らと言い争いを起こした。それはたきぎを担いで持って来る者が思っているよりも、多量の薪が消費されているということだったらしい。主人はこの出来事を耳にすると、すぐさま彼をこれまでの仕事から引き抜いて、ほかの仕事につけた。それはこの家で造っていた酒の役人であった」。「藤吉郎は、この仕事にたずさわっている人々に指図することに専念し」、やがて「自分の主人にすら、しなければならないことの命令を下した」。普通なら「使用人の分際で」と怒るところであろうが、この主人は藤吉郎を深く愛し、その才能を武家奉公で活かすように勧めたというのである。

これが事実であれば、この主人は秀吉が「天下人」となるきっかけを作った大恩人ということになる。

五　信長の墓

天正十年（一五八二）九月十二日、秀吉は織田信長の四男で、秀吉の養子となっていた於次《おつぎ》秀勝を喪主に、京都・紫野の大徳寺で「総見院殿贈太相国一品泰岩大居士」の百ヶ日法要を主催した。

「総見院殿贈太相国一品泰岩大居士」は同年六月二日に本能寺で非業の死を遂げた信長に贈られた法号である。そして十月十五日にはやはり大徳寺で信長の葬儀を営んだ。

本能寺の変後、信長の遺体は発見されなかったため、等身大の木像を作り、それを棺に入れて葬儀が行われた。棺の前を池田輝政、棺の後ろを於次秀勝が歩き、秀吉は太刀を持って随行した。池田輝政の父・恒興は、信長の乳母の子で、信長とは乳兄弟だった関係から、輝政がこの役目を務めた。

この信長の葬儀には京都中から見物人が集まり、凄まじい人出となった。秀吉は葬儀料として一万石を大徳寺に納めた。

さらに秀吉は信長の菩提寺を創建した。大徳寺塔頭の総見院がそれで、信長の法号に因んで命名された。境内には信長をはじめ、織田一族の墓所がある。

ところで、信長の墓は京都市上京区鶴山町の阿弥陀寺境内にも存在する。

その事情を「信長公阿弥陀寺由緒之記録」（『改定 史籍集覧』第廿五冊所収）は以下のように語る。

阿弥陀寺開山の清玉上人は信長と昵懇の間柄であった。

明智光秀が謀叛を起こし、本能寺に信長を襲ったと聞き、驚いた清玉上人は二十名ほどの僧侶を連れ、急いで本能寺に駆けつけた。けれど周辺は明智勢で満ち溢れ、本能寺に近づくのは難しい状況であった。上人は辺りをよく知っていたので、裏にまわり、垣を破って境内に侵入したが、既に本能寺には火がかかり、信長は自害したと聞き、上人は力を落とした。傍らを見ると、墓地の後ろの藪に十人ほどが集まり、木の葉をくべているのが目に入った。不思議に思い、上人が近づくと、彼らは皆、上人顔見知りの信長家臣であった。

「何をしておられるのか、信長様はどうなされたのか」と上人が問うと、「既に信長様は切腹なされ、『遺骸を敵に取られるな、首を敵に渡すな』とのご遺言でしたが、敵が取り囲む中、まさかご遺骸を抱いて立ち退くわけにもいかず、ここで火葬にして灰となし、その後我々も切腹し、御供仕る覚悟です」と彼らは返答した。

上人が、「火葬は我々僧侶の仕事。たくさんの僧も連れてまいりましたので、火葬はお任せください。お骨は我が寺に持ち帰り、丁重に葬り、お墓を建て、葬儀・法要も営みますので、ご心配なく。皆さんはもうひと働きし、見事討死して信長様の御供をなさってください」と言うと、彼らは喜び、表に向かって行った。上人は信長の骨を取り集め、衣に包んで、まるで本能寺の僧が寺から立ち退くように装い、阿弥陀寺に戻った。世の中が落ち着きを取り戻すのを見計らい、上人は塔頭の僧侶たちとともに密かに葬儀を行ない、骨を葬り、墓を建てた。

山崎合戦で主君の仇を報じ、信長後継者の道を歩み始めた秀吉は、信長の墓が阿弥陀寺にあるのを知っていたので、阿弥陀寺で信長の法要を盛大に催したいと申し入れてきた。しかし上人は、「信長公の法要は我々で相応に営んでおります」と断り、「それなら法事料として三百石の寺領を寄進しましょう」との秀吉の申し出も、「法要にそれほどの費用はかかりません」と断った。さらに秀吉は「とはいっても、信長公の墓所を永代維持するにはそれなりの費用がかかるでしょう」と三度にわたり寺領の寄進を申し入れたが、上人の返答が変わることはなかった。

秀吉は激怒し、「それなら信長公の菩提寺を別に造る。今後は誰もこの寺に参らないようにするが、それでもいいのか」と脅したが、上人は「ご勝手次第になさればよろしかろう」と返事をした。こうして秀吉は大徳寺に総見院を建立した。

上人は、「信長公のご子孫を天下人とし、秀吉自身は執権として政治を行うのが、人としての道である。であるのに、秀吉は信長公から賜った厚恩を忘れ、天下を我が物にし、あろうことか、織田一族の方々を家来にした。そんな『人でなしの人非人』から施しを受けるわけにはいかない」と、秀吉からの申し出を断ったのである、と。

公卿山科言経《ときつね》の日記を見ると、天正十年七月十一日に、既に言経は、阿弥陀寺の信長墓所に参拝しており、早くに阿弥陀寺に信長墓所が営まれたことが確認できる（『言経卿記』）。

九月十二日条には「阿弥陀寺へ参詣了。天徳院殿御墓所へ参了。今日百ヶ日也」とあり、言経は阿弥陀寺の百ヶ日法要に参列した。「天徳院殿」については、九月七日条に「前右府信長公」と注記している。

阿弥陀寺が秀吉による総見院創立以前に信長の墓を建て、「総見院殿」とは別に「天徳院殿」の法号を贈っていたことは事実である。

六　二つの公儀

大阪城天守閣の所蔵品に、天正七年（一五七九）正月九日付で武田勝頼が、毛利家の使僧安国寺恵瓊に宛てた密書がある。

当時、織田信長は大坂（石山）本願寺や、これを支援する毛利氏と交戦中であったが、前年十月に、信長から摂津一国の支配を委ねられ、本願寺攻め、毛利攻めの主力でもあった有岡《ありおか》（伊丹）城主の荒木村重が、突然、寝返った。

密書は、これを受けて発給されたもので、「荒木村重が『公儀』に対して忠節を尽くし、信長と敵対しているのはとても喜ばしい。『公儀』の上洛が実現できるか否かは、毛利輝元次第である」と述べ、毛利輝元に上洛に向けて軍事行動を起こすよう、けしかけている。

「公儀」とは、この国を支配する正当な権力や権力機構を意味し、ここでは当時毛利氏領国の備後国鞆《とも》（広島県福山市）にいた足利義昭とその権力機構を指す。

義昭は、松永久秀らに弑逆《しいぎゃく》された室町幕府十三代将軍・足利義輝の弟で、興福寺の一乗院門跡に入り、僧となっていたが、兄の死後、還俗して、越前の朝倉義景、次いで織田信長を頼り、永禄十一年（一五六八）九月、信長とともに入京を果たし、十月十八日に将軍となった。

けれども次第に信長と不和になり、武田信玄や朝倉義景、浅井長政、大坂本願寺の顕如などに書状を送り、信長包囲網を形成。元亀四年（＝天正元年、一五七三）、ついに槇島城（京都府宇治市）に拠って、信長に抗戦したものの敗れ、河内国若江城（大阪府東大阪市）、紀伊国由良の興国寺（和歌山県由良町）を経て、鞆に移った。

一般に、義昭が京都近郊を去ったことをもって「室町幕府の滅亡」とされている。しかし、鞆にいた義昭は相変わらず征夷大将軍であり、鞆には近臣、奉公衆、奉行衆、同朋衆らの幕臣が従い、室町将軍の公文書である御内書《ごないしょ》や、幕府公文書の奉行人奉書も発給された。

そもそも将軍が京都を追放されたことで「滅亡」というのなら、義昭以前に、室町幕府は何度も「滅亡」していたことになる。

義昭の兄、十三代将軍・義輝は、天文十六年（一五四七）に京都を追われて近江・坂本（滋賀県大津市）に落ち、翌年京都に戻ったが、同十八年には再度、坂本に落ちた。このときは、さらに堅田（大津市）、朽木《くつき》（滋賀県高島市）に逃れ、同二十一年に帰京を果たすが、翌年またもや朽木に落ち、五年後にようやく帰京した。

義輝・義昭兄弟の父、十二代将軍義晴も、大永七年（一五二七）に坂本、享禄元年（一五二八）に朽木、天文十年、同十六年にはともに坂本に落ちている。

十一代将軍・義澄は永正五年（一五〇八）に近江・甲賀に逃れ、結局、帰京を果たせなかった。

十代将軍・義稙《よしたね》は、日野富子の内意をうけた細川政元によって将軍の地位を奪われたが、周防国山口に下って大内義興を頼り、義興の軍勢とともに入京を果たし、将軍として復活を遂げた。

義輝が殺害されたあと、三好三人衆らに擁立され、十四代将軍になった義栄《よしひで》の場合など、摂津国富田《とんだ》（大阪府高槻市）に留まり、将軍として一度も入京を果たせなかったのである。

これらの事例から明らかなように、京都から追放されたことをもって室町幕府の「滅亡」とはいえず、将軍義昭とともに幕府は健在だったとみるべきであろう。

近年、これを「鞆幕府」と表現する書籍・論考をしばしば目にするが、それでは室町幕府とは異なる権力が誕生したかのように誤解を与えかねないし、他のケースについても、「坂本幕府」「朽木幕府」「富田幕府」などと表現しなければならなくなり、収拾がつかない。

ところで、大阪城天守閣の所蔵品には、武田勝頼密書と同じ天正七年六月五日付で羽柴秀吉が茨木城主中川清秀に宛てた起請文《きしょうもん》もある。

中川清秀は荒木村重の麾下《きか》にあった摂津衆の一人で、村重謀叛の際、同じ摂津衆の高槻城主・高山重友（右近）とともに信長方に留まった。

秀吉はその清秀に、「『公儀』を尊重する姿勢は申し分なく、今後は兄弟の契約を結ぼう」と言っている。この秀吉起請文でいう「公儀」とは、織田信長とその政権を指している。

要するに、信長が義昭を追放して以降、この国には足利義昭・室町幕府という「公儀」と、織田信長・織田政権という「公儀」が並存していたのである。

興味深いのは、天正十一年四月に行われた賤ヶ岳合戦の構図である。

一般にこの戦いは羽柴秀吉と柴田勝家による信長の後継者争いといわれる。しかし、この合戦の時点で、勝家は義昭の「公儀」を認める立場にあり、毛利輝元に対し、義昭の上洛を促す書状を送っている（天正十一年卯月六日付　柴田勝家書状）。

賤ヶ岳合戦は、信長の「公儀」の継承者である羽柴秀吉と、足利義昭の「公儀」に与《くみ》する柴田勝家の対決だったのである。

七　秀吉が聴いた音楽会

天正十年正月二十八日（一五八二年二月二十日）、伊東マンショ、千々石《ちぢわ》ミゲル、原マルチノ、中浦ジュリアンを乗せたポルトガル船が長崎を出帆した。

九州のキリシタン大名、大友宗麟・有馬晴信・大村純忠が、ポルトガル・スペインの国王とローマ教皇のもとに派遣したもので、「天正遣欧少年使節」と呼ばれる。首席正使であった伊東マンショが大友宗麟の名代、正使であった千々石ミゲルが有馬晴信と大村純忠の名代で、原マルチノと中浦ジュリアンは副使と位置付けられた。

彼らを率いたのはイエズス会の日本巡察師であったアレシャンドゥロ・ヴァリニャーノで、当時有馬のセミナリオに在学中であった少年の中から、伊東マンショら四人を選び出し、使節とした。一行には、他に修道士ディオゴ・デ・メスキータ、日本人修道士ジョルジェ・デ・ロヨラ、日本人の少年コンスタンチノ・ドラード、アグスチノ、スペイン人修道士のファン・サンチェスの五人が随行した。

ヴァリニャーノには、少年たちにキリスト教世界を見せて、帰国後その偉大さを伝えさせるとともに、彼らを教皇に謁見させることで、日本での布教に更なる援助を引き出そうとの意図があったといわれる。

一行を乗せた船は、マカオ、マラッカを経て、天正十一年十月（一五八三年十一月）インドのゴアに到着したが、ヴァリニャーノがイエズス会のインド管区長となったため、ここに留まらざるを得なくなり、代わってメスキータが引率者兼通訳を務めることになった。

喜望峰を越えて天正十二年七月（一五八四年八月）、ポルトガルの首都リスボンに到着。エボラ、ビラビソーザ、トレドを経て、同年九月（十月）にスペインの首都マドリードに入り、翌月、フェリペ二世への謁見が実現した。スペインとポルトガルの国王を兼ねたフェリペ二世は、マンショらをヨーロッパのキリスト教国の王子と同等の礼遇で迎えた。

この頃になると、日本からの使節はヨーロッパ中で大きな話題となっており、アリカンテ港からスペインの艦船に乗り込んでトスカーナ大公国のリボルノ港に着いた一行を、大公フランチェスコ一世はピサやフィレンツェにおいて最高の栄誉でもてなし、領内での旅費を全額負担したばかりか、三千人もの随員を派遣した。

そして一行はローマに到り、天正十三年二月二十二日（一五八五年三月二十三日）、ついにローマ教皇グレゴリオ十三世に謁見し、マンショらは大友宗麟・有馬晴信・大村純忠からの書状を捧呈した。このとき教皇には、織田信長がヴァリニャーノに贈った安土城の屛風絵も献呈された。

謁見からわずか十数日後にグレゴリオ十三世が急逝し、新たにシスト五世が教皇となるが、マンショらはこの新教皇にも謁見し、ローマ市民権証書を贈られた。その後も、マンショら一行はアッシジ、ロレート、ボローニャ、フェララ、ミラノ、ジェノバなど、イタリア諸都市を巡り、いずれの都市においても熱狂的な歓迎を受けた。

一五八五年から一五九三年の間にヨーロッパ各地で出版された彼らに関する書籍は九十種類にも及び、どれほどの関心を集めたかがよくわかる。ミラノのアンブロジアーナ図書館にはウルバーノ・モンテが描いたマンショら四人の肖像のデッサンが残り、二〇一四年にはスフォルツェスコ城のトリブルツィオ財団のコレクション中から新たにドメニコ・ティントレットの描いたマンショの肖像画も発見された。ベネチアのサルーテ教会には彼ら一行を迎えた記念碑、ヴィチェンツァのオリンピコ劇場には歓迎図の壁画が残る。

一行は、天正十四年二月（一五八六年四月）にリスボンを出航し、モザンビークで半年間立ち往生したものの、何とかゴアでヴァリニャーノと合流し、天正十六年六月（一五八八年八月）にマカオに到着。ここで前年に秀吉が伴天連追放令を出したことを知ったのである。

宣教師の身分では日本に入国できないことを知ったヴァリニャーノは、一計を案じ、ポルトガル国インド副王の使節という立場で許可を得、天正十八年六月二十七日（一五九〇年七月二十八日）に長崎に入港した。同地を出帆してから、実に八年半ぶりの帰国であった。翌十九年閏正月八日（一五九一年三月三日）、彼らは聚楽第において秀吉との謁見を果たす。このとき秀吉に贈られたインド副王の信書は京都・妙法院に伝存し、国宝に指定されている。

秀吉は、マンショらがヨーロッパで習得してきたクラヴォ、アルパ、ラウデ、ラヴェキーニャ、ヴィオラ、レアレージョといった西洋楽器の演奏を所望した。彼らの奏でる音楽に魅了された秀吉は、三度にわたってアンコールを繰り返し、「汝らが日本人であることを大変嬉しく思うと述べた」（フロイス『日本史』）。

これにより伴天連追放令は、事実上、空文化したのである。

八　中華思想

天正二十年（＝文禄元年、一五九二）正月五日、豊臣秀吉は諸大名に朝鮮半島への出陣を命じた。

この朝鮮出兵に関しては、側室・淀殿との間に生まれた第一子・鶴松（棄丸）が前年八月五日にわずか三歳で亡くなったため、その悲しみを紛らわせるために秀吉が行なったとか、さすがの秀吉も寄る年波には勝てず、耄碌《もうろく》した秀吉が引き起こしたなどと説明されることがあるが、いずれの考えも正しくない。

イエズス会宣教師ルイス・フロイスの『日本史』には、羽柴秀吉を現地司令官として派遣し、毛利氏と交戦中であった織田信長について、「毛利を平定し、日本六十六ヵ国の絶対君主となった暁には、一大艦隊を編成してシナを武力で征服し、諸国を自らの子息たちに分ち与える考えであった」と記されている。

秀吉の主君・織田信長も、日本平定ののち、大陸へ派兵する考えを持っていたのである。

フロイスはまた、一五八六年十月十七日付の書簡で、秀吉について、以下のように記している。

彼が日本全土の平定を目指すのは、

「死んだ時その名と権力の名声を残し、日本のことを安定させるようただすことを決心したためであり、それが完成すれば、国を弟の羽柴美濃守秀長殿に渡すことであると言った。また、自分は朝鮮とシナを征服することを決心し」、

「司祭たちの助力を頼みたいのは、彼（秀吉）のために、装備の整った二隻の大型帆船を調達するよう交渉してもらうことで、これを無料で欲しいといっているのではなく、代価を支払う。また帆船に必要なすべてのもの、また士官として有能な者たちを望み、彼らには銀で給与を支払うことにする。そして、もし、この事業の最中に死ぬことがあっても、何ら悔いるところはない。というのは前に述べたとおり、彼は名を残す以外のことをしようとしているのではなく、今まで日本のいかなる領主も試みたことのないことを敢てしようとしているのである」と。

一五八六年といえば、秀吉がまだ関東・東北はおろか、九州さえも平定する以前であ

るから、秀吉も早くから、日本統一ののち、大陸に派兵する計画をあたためていたことが知られるのである。

では、朝鮮半島全土を焦土と化して多くの犠牲者を出し、戦争継続のため重税を課してわが国の民衆をも苦しめた秀吉の朝鮮出兵とは、いったい何だったのであろうか。天正二十年五月十八日付で、甥の関白豊臣秀次に宛てた秀吉の朱印状が残っている。二十五ヶ条にも及ぶ長大な朱印状であるが、その中で秀吉は中国大陸制覇ののちの統治計画を示している。

・後陽成天皇を北京（「大唐都」）に移して中国の皇帝とする。天皇には北京周辺の十ヶ国を領地として進上するので、公家衆の所領についてはその中から与える。
・豊臣秀次を中国の関白（「大唐関白」）とし、北京周辺の百ヶ国をその領地とする。
・日本の関白（「日本関白」）については、豊臣秀保（秀次の弟で、故豊臣秀長の養子）か宇喜多秀家、どちらかふさわしい方に命ずる。
・日本の天皇（「日本帝位」）には良仁《かたひと》親王（後陽成天皇の子）か智仁《としひと》親王（後陽成天皇の弟）

のどちらかとする。

　秀勝（秀次の弟）、あるいは宇喜多秀家に任せる。その場合、豊臣秀俊（のちの小早川秀秋）は九州に置くこととする。
・朝鮮（「高麗」）については豊臣秀勝（秀次の弟）、あるいは宇喜多秀家に任せる。その場合、豊臣秀俊（のちの小早川秀秋）は九州に置くこととする。

　同様の内容を秀吉の右筆・山中橘内《きつない》が同日付で、北政所お祢《ね》付きの侍女「ひがし」「きゃく人」に書き送っているので、これが大陸制覇後の中国・日本・朝鮮の統治プランであったことは疑いない。

　秀吉は主君の織田信長同様、イエズス会宣教師らヨーロッパ人と親しく付き合い、彼らがもたらす最新の地理情報に接していたが、一方で彼は伝統的な中華思想の持主でもあった。この統治プランにはそれが明瞭に表れている。

　中華思想とは、中国こそが世界の中心で、日本や朝鮮、満州、蒙古（モンゴル）、ベトナム、タイ、カンボジアなど、周辺の異民族国家は全て属国、蛮国とみなす考え方である。

　中華思想の持主であった秀吉は、中国こそが世界の中心であると考えた。けれども、秀吉の考える「中国」とは漢民族（中国民族）の国家という意味での「中国」ではなく、器としての「中国」であって、その主宰者は漢民族でなくともよかったのである。かつて蒙古族が「元」を樹立し、秀吉ののちには満州族が「清」を打ち立てたように、秀吉は日本民族による「中国」（中華帝国）を樹立しようと考えたのである。朝鮮出兵はそれを目指した軍事行動であった。

そして、もし秀吉の構想した「中国」が誕生していたら、そのとき母国日本は、その「中国」の属国とされていたのである。

九　家康の涙

豊臣秀吉は、慶長三年（一五九八）八月十八日、伏見城において、六十二年の生涯を終えた。死に先立って秀吉は、自らの死後、愛児秀頼を大坂城に遷すよう遺言した。そして、大坂城には前田利家が入って秀頼を後見し、徳川家康には伏見城で天下の政治を沙汰するよう命じた。あわせて、家康の孫娘・千姫と秀頼との結婚も決められた（「豊臣秀吉遺言覚書」）。

秀頼の大坂遷座について、イエズス会宣教師フランシスコ・パシオは、

「国の統治者が亡くなると戦乱が勃発するのが常であったから、これを未然に防止しようとして、太閤様は日本中でもっとも堅固な大坂城に新たに城壁をめぐらして難攻不落のものとし、城内には主要な大名たちが妻子とともに住めるように屋敷を造営させた。太閤様は、諸大名をこうしてまるで檻《おり》に閉じ込めたように自領の外に置いておくならば、

彼らは容易に謀叛を起こし得まいと考えたのであった」（一五九八年十月三日付「一五九八年度日本年報」）と解説する。

これによると、豊臣政権下の主要な大名全てが大坂に屋敷を構え、妻子を置くように命じられたかのように思われるが、イエズス会の「一五九九－一六〇一年日本諸国記」に、「都には暴君太閤様が築いた壮大な伏見城があり、大坂には同じ暴君が築いた日本中で最大で最強の、実に堂々とした城がある。既述のように、これら二つの城内に日本の全領主が、すなわち伏見にはこの都から西域の国々の領主、また大坂には東域の国々の領主が自分の子秀頼とともに居住することを命じた」とあり、慶長五年卯月八日付の島津義弘書状にも、「伏見へハ西国衆御番たるべきよし御掟仰せ出され候」と記されるので、実際は、西国大名は伏見に、東国大名は大坂に屋敷を構えるよう命じられたことがわかる。秀吉は、家康の入る伏見城には豊臣家や前田家に近い西国大名を置いて牽制し、秀頼と利家の入る大坂城には家康と親しい東国大名を置いて、彼らの動きを封じようと考えたのである。

秀吉は、家康による謀叛を警戒していた。

先の「一五九八年度日本年報」には、そうした事情と、秀吉と家康との興味深いやりとりが記録されている。

「太閤様は、自分亡き後、六歳になる息子秀頼を王国の後継者として残す方法について考えを纏《まと》めあげた。太閤様は、関東の大名で八カ国を領有し、日本中でもっとも有力、かつ戦さにおいてはきわめて勇敢な武将であり、貴顕の生まれで、民衆にももっとも信頼されている徳川家康だけが、日本の政権を簒奪《さんだつ》しようと思えば、それができる人物であることに思いを致し、この大名家康に非常な好意を示して、自分と固い契りを結ばせようと決心して、彼が忠節を誓約せずにはおれぬようにした。すなわち太閤様は、居並ぶ重立った諸侯の前で、その大名家康を傍らに召して、次のように語った。『予は死んでゆくが、しょせん死は避けられぬことゆえ、これを辛いとは思わぬ。ただ少なからず憂慮されるのは、まだ王国を統治できぬ幼い息子を残してゆくことだ。そこで長らく思い巡らした挙句《あげく》、息子自らが王国を支配するにふさわしくなるまでの間、誰かに国政を委ねて、安全を期することにした。その任に当る者は、権勢ともにもっとも抜群の者であらねばならぬが、予は貴殿を差し置いて他にいかなる適任者ありとは思われぬ。それゆえ、予は息子とともに日本全土の統治を今や貴殿の掌中に委ねることにするが、貴殿は、予の息子が統治の任に堪える年齢に達したならば、かならずやその政権を息子に返してくれるものと期待している。その際、この盟約がいっそう鞏固《きょうこ》なものとなり、かつ日本人が挙げて、いっそう慶賀してくれるよう、次のように取り計らいたい。貴殿は、嗣子秀忠により、ようやく二歳を数える孫娘を得ておられるが、同女を予の息子と婚約させることによって、ともに縁を結ぼうではないか。……』と」。

これを聞いて、

「家康は落涙を禁じ得なかった」

と記されている。パシオは涙の理由を、

「彼は、太閤様の死期が迫っていることに胸いっぱいになり、大いなる悲しみに閉ざされるいっぽう、以上の太閤様の言葉に示されているように、太閤様の己れに対する恩恵がどれほど深いかを、また太閤様の要望に対してどれだけ誠意を示し得ようかと思い巡らしたからであった」と説明したが、

「だがこれに対して、次のように言う者がないわけではなかった。家康は狡猾《こうかつ》で悪賢い人物であり、これまで非常に恐れていた太閤様も、ついに死ぬ時が来たのだと思い、随喜の涙を流したのだ。家康は、とりわけ、いとも久しく熱望していたように、今や国家を支配する権限を掌中に収めたのも同然となったことに落涙せざるを得なかったのだ」

と付け加えることも忘れなかった。

十　新八幡

慶長三年（一五九八）八月十八日、豊臣秀吉が六十二年の波瀾万丈の生涯を終えた。当時、神道界の頂点にあった吉田兼見《かねみ》の弟で、のちに豊国社別当となる梵舜《ぼんしゅん》はその日記『舜旧記《しゅんきゅうき》』の同日条に「太閤御死去云々」と記したが、第二次朝鮮出兵（慶長の役）の真っ最中であったため、その死は極秘とされた。

その一方で、京都・東山の阿弥陀ヶ峰の麓、大仏殿（のちの方広寺）の傍らでは社殿の建築工事が始まった。醍醐寺三宝院門跡の義演《ぎえん》はその日記『義演准后《じゅごう》日記』の九月七日条に、社殿は北野天満宮のような「八棟《やつむね》造り」になる予定と記している。『義演准后日記』九月十一日条では、この神社は「大仏山寺の鎮守」と表現され、秀吉の命でたくさんの寺社を造営した高野山の木食応其《もくじきおうご》が建設工事を指揮していると記される。

工事は順調に進捗《しんちょく》したが、翌慶長四年正月五日になって、石田三成ら五奉行が元結《もとゆい》を払う。朝鮮半島からの日本軍の撤退が無事完了したため、秀吉の死が公表され、五奉行が弔意を表したのである。そして、この日の『義演准后日記』には、これまで「大仏の鎮守」とされてきた神社が実は秀吉を祀る神社であること、秀吉の遺体は今なお伏見城内に安置されていることなどが記される。

『お湯殿の上の日記』の慶長四年三月五日条によると、この秀吉の神格化は彼自身の遺言によるものであった。『お湯殿の上の日記』は天皇に近侍する女官が交代で書き継いできた日記である。

そして、『義演准后日記』の慶長四年四月十三日条には、この日の夕刻、極秘裏に、秀吉の遺体が阿弥陀ヶ峰に移されたことが記されている。美濃大垣藩の祖戸田氏鉄《うじかね》の事績を記した『戸田左門覚書』によると、秀吉の「御死骸をハ壺に入れて、朱にてつめ、棺槨に入れ、阿弥陀峰に納」めたとのことである。

『舜旧記』は、四月十六日条になるとそれまでの「大仏の社」を「豊国社」と記すようになる。

そして、四月十七日には「豊国大明神」の神号宣下があり、翌十八日には正遷宮が行われ、秀吉を祀る「豊国社」が成立するのである。

秀吉に近侍した太田牛一は、秀吉七回忌に行なわれた「豊国臨時祭礼」について記録をまとめたが、その『豊国大明神臨時御祭礼記録』によると、わが国の本来の名は「豊《とよ》葦原中津国《あしはらのなかつくに》」で、秀吉はこの国の主だったから、「豊国大明神」とされた、とのことである。

ところが、伊達政宗の従弟で、伊達家重臣であった伊達成実《しげざね》の記した『伊達日記』には、

「秀吉公、新八幡ト祝い申すべき由、御遺言ニ候へドモ、勅許ナキニヨッテ豊国ノ明神ト祝い申し候」とあり、徳川幕府関係者のまとめた『当代記』の慶長四年四月十九日条にも同様の記述がある。

さらに、イエズス会宣教師フランシスコ・パシオは一五九八年十月三日付の「日本年報」で、

「最後に太閤様は、自らの名を後世に伝えることを望み、まるでデウスのように崇めら

れることを希望して、〔日本全土で（通常）行なわれるように〕遺体を焼却することなく、入念にしつらえた棺に収め、それを城内の庭園に安置するようにと命じた。こうして太閤様は、以後は神〔この名は存命中に徳操と戦さにおいて優れていた偉大な君侯たちの特性であり、死後はデウスたちの仲間に加えられると考えられている〕の列に加えられ、シンハチマン、すなわち、新しい八幡と称されることを望んだ」と書いている。

秀吉自身は「新八幡」という神号を望んだのである。

パシオは、

「なぜなら八幡は、往昔のローマ人のもとでの（軍神）マルスのように、日本人の間では軍神として崇められていたからである」と説明するが、八幡は当時、神功皇后と応神天皇の母子神、あるいは応神天皇と考えられ、伊勢神宮の祭神天照大御神《あまてらすおおみかみ》に次ぐ第二の皇祖神とされた。それゆえ、朝廷も「新八幡」という神号を許可しなかったのであろう。

『古事記』『日本書紀』によれば、神功皇后は胎中に応神天皇を宿しながら朝鮮半島に出征し、わずか三ヶ月で新羅・百済・高麗の三国を服属させたと伝えられる。

太田牛一が著した『太閤さま軍記のうち』には、神功皇后伝説が詳しく記され、凱旋後に神功皇后が生んだ応神天皇のことを「これすなはち、今の世の八幡大菩薩なり」と書いている。そして、朝鮮出兵の前に、志賀海《しかうみ》神社（福岡市東区）の神宮寺である吉祥寺の社僧が、神功皇后の三韓征服の様子を描いた同寺の縁起絵巻を聚楽第に持参し、これを見た秀吉が、とても縁起がよい、とたいそう喜んだと記されるのである。

秀吉は神功皇后伝説をよく知っていた。だからこそ、朝鮮半島に派兵した自らを八幡神になぞらえ、「新八幡」の神号を希望したのである。

十一　秀吉の遺体

秀吉は、「あみだのたけに、大しやにいはゝれた」い（『お湯殿の上の日記』）、すなわち京都・東山の阿弥陀ヶ峰に神として祀られたいと遺言した。

遺体は伏見城内に安置されたが、死の翌年、慶長四年（一五九九）四月十三日に、密かに阿弥陀ヶ峰の山頂に移された。十七日には朝廷から「豊国大明神」の神号宣下がなされ、十八日に阿弥陀ヶ峰の麓に造営された壮大華麗な社殿に正遷宮が行われ、秀吉を祀る豊国社が成立した。

しかし、大坂夏の陣で豊臣家が滅ぶと、徳川家康は豊国社の破却を決定した。

幕府正史の「台徳院殿御実紀」元和元年（＝慶長二十年、一六一五）七月九日条には『武徳編年集成』を引いて、「大内へ奏請し給ひ。豊国明神の神号を廃せられ。此後は大仏殿の後に秀吉墳墓をいとなみ。法号を国泰院俊山雲龍と贈られ。釈法をもて供養すべしと命ぜらる」と記される。

現在、京都市東山区に鎮座する豊国神社は、かつての大仏殿跡に明治十三年（一八八〇）に再興されたものであるが、同神社の宝物館裏手に大きな五輪塔がひっそりと立つ。「馬塚」と呼ばれるもので、これが「大仏殿の後に」建てられた「秀吉墳墓」である。「馬塚」の称は、徳川幕府を憚《はばか》ったものと伝えられる。

豊国社の破却については、高台院（お祢）から「崩れ次第になし給はれ」（『東照宮御実紀附録』）との嘆願がなされ、家康はこれを了承した。けれど、荒れるにまかせた豊国社のさまはよけいに哀れを誘ったらしい。

明暦四年（一六五八）に刊行された京都の名所案内記『京童《きょうわらべ》』は「豊国」の項を掲げて、「いにしへはいときらゝかにして宮守も袖をつらね。あさぎよめ夕のともし火かゝげたてしに。今は露ふせぐたよりだになく朽はて。鳥居はたふれてむぐらにかくれ。まことに一たびはさかへ。一たびはおとろふ世のならひ。うらめし」と記し、延宝五年（一六七七）に刊行された『出来《でき》斎京土産《さいきょうみやげ》』も「豊国大明神」の項に、「月ならではともしびをかゝぐる人もなく。霧ならでは香をたくものもなし。松の風神楽を奏し。冬の雪御幣をかくる。桜はみる人もなき築地のもとにくちたをれ兎はしげりたる草むらにかくれ。梟《ふくろう》の声物すごく狐のふしどすさまじく。鳥井楼門まで跡かたなく。わづかにいしずへのみ残りける。たれかあはれをもよをさざらむ」と記す。

「豊国大明神」の神号が復活をみるのは、慶応四年（＝明治元年、一八六八）の明治天皇大阪行幸の際で、明治十三年に京都に豊国神社が再興され、前年には大阪・中之島に豊国神社の別社が成立した。

そして明治二十三年六月二十五日には、阿弥陀ヶ峰山頂に秀吉の墓を再興すべく、「豊国会」が結成される。会長には、元福岡藩主黒田家の侯爵・黒田長成《ながしげ》が就任した。同会は、秀吉没後三百年を迎える明治三十一年の竣工を目指し、大々的に募金活動を始めた。

秀吉の墓の形状については、当時豊国会建築部の主任技師を務めた伊東忠太が高さ三十尺（約十メートル）の巨大な五輪塔を設計した。神である秀吉の墓に仏式の五輪塔はふさわしくないとの反対意見や、そんな巨大な五輪塔を建てたら、地下に秀吉の遺体が存在した場合、重量に耐えられないと危惧する意見も出されたが、黒田会長は伊東忠太の案で再興することを決定した。

そして、明治三十年四月十三日に起工奉告祭・地鎮祭が行われて、工事が始まった。

ところが十五日後の四月二十八日、廟墓周辺を掘削していた工夫が、土中から延享四年（一七四七）八月に行われた秀吉百五十回忌の際の経瓦を多数発見した。さらにその下から備前焼の大甕《おおがめ》が現れ、その中には西向きに結跏趺坐《けっかふざ》した秀吉の遺体が納められていたのである。

英雄秀吉を顕彰する目的で墓の再興を計画したのに、はからずも墓を暴《あば》くことになってしまい、豊国会の面々は激しく動揺し、厳しく箝口令《かんこうれい》を敷いた。そして委員ら立ち会いのもと、甕から秀吉の遺体を取り出したのであるが、遺体は一瞬のうちに崩れてしまった。

豊臣秀吉墓（豊国廟）

バラバラになった遺骨は一つ一つ丁寧に絹布で包んで桐箱に納め、さらに銅の方匱《ほうき》に入れ、方匱の上には墓誌を置いて、石櫃に納めた。

巨大な五輪塔はその上に建てられたのである（上写真）。

秀吉は阿弥陀ヶ峰に神として祀られることを願った。その阿弥陀ヶ峰の麓には、秀吉創建の大仏殿があり、文禄五年（＝慶長元年、一五九六）の大地震で大仏が崩れたあと、秀吉は本尊として善光寺如来を迎えた。善光寺如来は阿弥陀三尊とされる。そして、秀吉自身は自らの神号として「新八幡」を望んだ。八幡の本地仏は阿弥陀如来である。

阿弥陀ヶ峰の山頂で西向きに結跏趺坐して眠っていた秀吉は、阿弥陀如来にすがり、西方浄土への往生を願ったのであろうか。

十二　淀殿のお相手

平成二十八年（二〇一六）、滋賀県長浜市の「長浜曳山まつり」が、「山・鉾・屋台行事」の一つとして、ユネスコの無形文化遺産に登録された。

この曳山まつりは、豊臣秀吉が長浜城主だった時期に、男子の誕生を喜んで町衆に砂金を振舞い、それを元手に十二基の曳山を建造したのが起源であると伝承される。

秀吉実子の名は「秀勝」であったという。

長浜市大宮町の日蓮宗寺院妙法寺境内に「豊臣秀勝廟」があり、内部の墓石には「朝覚霊位　天正四年十月十四日」と刻まれている。残念ながら昭和二十七年（一九五二）の火災で焼失してしまったが、同寺には「本光院朝覚居士」「天正四丙午暦十月十四日」の墨書がある童子の画像も伝来した。したがって、秀吉が長浜城主だった天正四年（一五七六）に武家の少年が亡くなり、「朝覚」の法名を贈られたことは間違いない。

同市平方町の徳勝寺は浅井亮政《すけまさ》・久政・長政三代の墓所がある浅井家の菩提寺として知られるが、同寺には「國泰寺殿雲山峻龍大居士　台閤秀吉公」と「朝覚大禅定門　次郎秀勝君」を併記する位牌が伝存し、「朝覚」の没年月日は「天正四子年十月十四日」と記される。

位牌は江戸時代後期に作られたものと考えられるので、少なくともその頃には「朝覚」が秀吉の実子「秀勝」と考えられていたらしい。

しかし、長浜曳山まつりの起源を記した寛文六年（一六六六）の奥書を持つ『江州湖東八幡宮勧請幷びに祭礼の由来』には、天正十九年に秀吉が町屋敷年貢米三百石免除の朱印状を下付した記事に続いて、「其比《ころ》町々より思い思いの歩行渡りアリ。其後若様御誕生ニ付、町々へ砂金頂戴ス。是ヲ基トシテ曳山造営の志願ヲ発ス」と記され、付箋には「棄丸」と書かれている。曳山まつりの成立は秀吉の長浜城主時代ではなく、淀殿が最初の男子鶴松を生んだことがきっかけと考えられていたのである。

また、豊臣秀吉研究の第一人者であった桑田忠親氏は「竹生島奉加帳《ちくぶしまほうがちょう》」に見える「石松丸」こそが長浜城主時代の秀吉実子「秀勝」の幼名だとし、同じ「奉加帳」に名前がある「南殿」が「石松丸」を生んだ秀吉側室だとするが、これも憶測の域を出るものではない。

要するに長浜城主時代の秀吉に実子が誕生したとの確証は得られないのである。だとすれば、数多くの妻妾の中で、秀吉の子を生んだのは鶴松・秀頼の生母、淀殿ただ一人ということになる。


しかし、淀殿にはいろいろと疑惑がつきまとった。

フロイス『日本史』は、

「人々の噂によると、関白には、信長の妹の娘、すなわち姪にあたる側室の一人との間に男児が生まれたということである。日本の多くの者がこの出来事を笑うべきこととし、関白にせよ、その兄弟、はたまた政庁にいるその二人の甥にせよ、かつて男女の子宝に恵まれたことがなかったので、こんど誕生した子供が関白の子であると信じるものはいなかった」と記し、別の箇所でも、

「彼には唯一の息子鶴松がいるだけであったが、多くの者は、もとより彼には子種がなく、子供をつくる体質を欠いているから、その息子は彼の子供ではない、と密かに信じていた」と述べている。

具体的に淀殿の相手を記すのは毛利輝元の重臣内藤隆春で、慶長四年（一五九九）十月朔日付の手紙に、「おひろい様（秀頼）の御局をハ大蔵卿と申す。その子に大野修理《しゅり》と申す御前よき人候。おひろい様の御袋様と密通の事共候か」と記している。

伏見に抑留されていた朝鮮王朝の官人姜沆《カンハン》も「秀頼の母は、すでに大野修理亮治長と通じて妊娠していた」（『看羊録』）と記している。

現在では、大河ドラマをはじめ、淀殿の相手は石田三成であるかのように描くことが多いが、当時は専ら大野治長と噂された。

真田増誉（?～一七〇七）は『明良洪範《めいりょうこうはん》』に、

「豊臣秀頼ハ秀吉公ノ実子ニアラズ。窃《ひそか》ニイヘル者アリシトゾ。其頃占卜《せんぼく》ニ妙ヲ得タル法師有テ、カク云ヒ初シト也。淀殿、大野修理ト密通シ、捨君（鶴松）ト秀頼君ヲ生セ給フト也」と書いたが、これをどう読み誤ったのか、「豊臣秀頼ハ秀吉公ノ実子ニアラズ」と言い始めた占いの上手な「法師」が淀殿の相手とされてしまう。

天野信景《さだかげ》（一六六三～一七三三）が著した随筆集『塩尻』には、

「豊臣秀頼は、秀吉実子にあらず。大野修理が子かと疑ひける。され共、其実は、当時卜筮《ぼくぜい》の為に寵せられし法師あり。淀殿これに密通し、棄君と秀頼とを生せし」と記される。

神沢杜口《かんざわとこう》（一七一〇～九五）の随筆集『翁草《おきなぐさ》』もこれを踏襲し、「秀頼公の母堂淀殿の事、世説には大野修理に密会して、秀頼公を産給ふと云へ共、或古書を見れば、修理が子と云は非説也。（中略）其事実は、其頃卜筮に名を得て寵せられし法師有り。淀殿是に密通して、棄君秀頼を生給ふと云り」と記すのである。

噂とはえてしてこういうものである。

十三　聖徳太子の生まれ変わり

豊臣秀頼はたくさんの寺社を復興した。

その数は優に百を超え、東は信濃の善光寺から西は出雲大社にまで及ぶ。その中には、聖徳太子創建の四天王寺（大阪市天王寺区）・法隆寺（奈良県斑鳩町）や聖徳太子廟のある叡福寺（大阪府太子町）なども含まれている。


聖徳太子は本来の名を厩戸皇子といい、即位前の用明天皇と穴穂部間人《あなほべのはしひと》皇后の間に第二子として生まれた。父・用明天皇と母・穴穂部間人皇后はともに欽明天皇の子で、異母兄妹であった。用明天皇の母は蘇我稲目の娘堅塩姫《きたしひめ》、穴穂部間人皇后の母は堅塩姫の妹・小姉君《おあねのきみ》だったから、太子は蘇我氏と濃い血縁で結ばれていた。

欽明天皇の時代に朝鮮半島の百済の聖明王から仏像・経論などが贈られ、これを信じるか否かで、崇仏派の大臣《おおおみ》蘇我稲目《そがのいなめ》と、排仏派の大連《おおむらじ》物部尾輿《もののべのおこし》の間に深刻な対立が生じた。対立は両者の子、蘇我馬子《うまこ》と物部守屋《もりや》の代まで持ち越され、やがて両陣営による武力衝突へと発展した。太子は蘇我方に属して戦闘に参加し、勝利に貢献したと伝えられる。

その後太子は、叔母にあたる推古天皇の「皇太子」となり、「摂政」として、大臣の蘇我馬子とともに政治を行ない、冠位十二階の制定、十七条憲法の発布など、天皇（大王）を中心とした中央集権的な政治を推進した。

そして、四天王寺、法隆寺などを創建し、法華経や勝鬘《しょうまん》経の講義を行ない、法華経、勝鬘経、維摩《ゆいま》経の注釈書（『三経義疏《さんぎょうぎしょ》』）を著すなど、仏教の受容と普及に努めた。

太子に関しては、

・生まれながらに言葉を話した。
・二歳のとき、東方に向かい合掌して「南無仏」と唱え、掌中に仏舎利を得た。
・一度に十人の訴えを誤らずに聞き分けた。
・愛馬「甲斐の黒駒」に乗って天を駆け、三日間で、富士山を一周して信濃経由で帰還した。

など、早くからさまざまな超人伝説が語られた。そして、鑑真とともに来朝した唐僧・思託《したく》は南岳衡山《なんがくこうざん》の高僧・慧思《えし》が「東方の仏法無き処に行き、人を化して物を度せん」と言い、日本で聖徳太子に生まれ変わったと記し（『上宮皇太子菩薩伝』）、宝亀二年（七七一）成立の『七代記』は、慧思だった頃に南岳衡山に置いてきた法華経を将来するため、太子は小野妹子を遣隋使として派遣したと記す。

太子の慧思後身説を支持した天台宗の宗祖・最澄は、唐での修行中に彼の師事した天台大師・智顗《ちぎ》が慧思の弟子だったことから、自らを聖徳太子の「玄孫」と称した。最澄の弟子・円仁も、真言宗の宗祖・空海も、太子の慧思後身説を支持した。

日蓮宗（法華宗）の宗祖・日蓮は、同宗の根本経典である法華経を将来して、義疏もまとめた太子を篤く信奉し、時宗の宗祖・一遍は四天王寺に参詣したのち、太子廟に参籠している。

浄土真宗の宗祖・親鸞に至っては、京都・六角堂での参籠中に聖徳太子の夢告を受けた結果、比叡山を去り、浄土宗の宗祖・法然に弟子入りしたと伝えている。

また、「片岡山の飢人」と呼ばれる有名な太子伝説がある。

太子が片岡山（奈良県王寺町）を通りかかったとき、道端に飢人が臥せっているのを見かけ、飲み物、食べ物とともに、自らの衣服を与えた。翌日、飢人は亡くなり、丁重に葬られたが、後日墓をあらためると、遺体は消え、衣服だけが遺されていた、という。

この飢人が実は禅宗の祖・達磨であったとされたことから、太子は臨済宗・曹洞宗からも信仰の対象とされた。

このように聖徳太子は一宗一派ではなく、日本仏教全体の祖と位置付けられ、空海や、醍醐寺の開山聖宝を太子の生まれ変わりとする説も成立した。


太子の生まれ変わりとされたのは僧侶だけではない。

東大寺の大仏を建立し、全国に国分寺・国分尼寺を置いた奈良時代の聖武天皇。

「御堂関白」と呼ばれた平安時代の藤原道長。

謡曲「鉢の木」で知られる鎌倉幕府の執権北条時頼。

金閣寺を創建した室町幕府の三代将軍足利義満。

それぞれの時代に仏法興隆に尽くした彼らもまた、聖徳太子の生まれ変わりとされたのである。

京都市左京区の禅林寺（永観堂）には、慶長十二年（一六〇七）六月二十三日に本堂が再興された際、本尊「みかえり阿弥陀」の両脇に掛けられた豊臣秀吉画像と、当麻曼荼羅がともに現存する。当麻曼荼羅には同日付の裏書があり、そこに「豊富朝臣秀吉公御息秀頼公者、正考支干、即上宮太子御再誕」と記されている。秀頼と太子は干支が同じで、秀頼は「上宮太子（聖徳太子）」の「御再誕」だというのである。

豊臣秀頼は文禄二年（一五九三）八月三日生まれで、干支は「癸巳《みずのとみ》」。当時最も権威ある皇統譜とされた『本朝皇胤紹運録』では、太子は敏達天皇二年（五七三）の生まれで、干支はやはり「癸巳」。

多くの寺社を復興した豊臣秀頼もまた、聖徳太子の生まれ変わりと考えられたのである。

第二章　大坂の陣

十四　大坂の陣のはじまり

慶長十九年（一六一四）七月、豊臣秀頼による京都・東山の大仏殿（方広寺）再建工事は大詰めを迎えていた。

この大仏殿は豊臣秀吉が創建したもので、大仏は木製漆塗の坐像で像高は六丈（およそ十八メートル）、重層瓦葺の大仏殿は高さ二十丈（およそ六十メートル）という壮大なものであった。

ところが、文禄五年（＝慶長元年、一五九六）閏七月十三日に畿内を襲った大地震（慶長の大地震）で、大仏は脆《もろ》くも崩れ去る。幸い大仏殿の方は倒壊を免れたため、秀吉は、当時、甲斐善光寺（山梨県甲府市）に遷されていた信濃善光寺（長野市）の本尊善光寺如来を大仏殿に迎えることを決め、慶長二年七月十八日、わずか一尺五寸（およそ四十五センチ）の善光寺如来が巨大な大仏殿の新たな本尊となった。

ところが、慶長三年八月十七日、善光寺如来は俄《にわか》に信濃善光寺に戻され、翌日、秀吉が生涯を終えた。

慶長四年、秀頼は高野山の木食応其に大仏の復興を命じる。今度の大仏は金銅仏と決められたが、慶長七年十二月四日、鋳造中の大仏から火が出て、大仏殿もろとも焼亡した。

慶長十三年、秀頼はあらためて大仏・大仏殿の再興に乗り出す。同十五年六月十二日に地鎮祭が営まれ、八月二十二日には立柱式が行われた。

工事は順調に進み、慶長十九年四月十六日には巨大な梵鐘が完成、工事完了の目処もたち、徳川家康了承のもと、大仏の開眼供養は、同年八月三日と決まった。

導師は真言宗の御室門跡《おむろもんぜき》（仁和寺）が務めることとなったが、七月に入り、天台宗の天海が徳川家康に苦情を申し立てた。大仏殿創建の際の導師が真言宗だったのだから、今回は天台宗が務めるのが筋、というのである。この問題は難航をきわめたが、豊臣家の家老・片桐且元と徳川幕府の京都所司代・板倉勝重が調整を重ねた結果、大仏の開眼供養と大仏殿の堂供養を切り離し、八月三日にはまず御室門跡を導師として開眼供養を行ない、そのあとで、天台宗の導師で堂供養を行なうとの折衷案が示された。これでようやく解決か、と思われた矢先、七月二十六日に突如として、大仏殿大鐘の銘文に「関東不吉の語」があるとして、家康が供養の延期を命じた。

銘文中の「国家安康」の字句は、「家康」の諱《いみな》を「安」の字で斬り、家康を呪詛するものであり、「君臣豊楽」は、豊臣家の繁栄を願うものである、というのである。

豊臣秀頼は、弁明のため、片桐且元を駿府に派遣したが、家康は会ってもくれず、且元は本多正純・金地院《こんち いん》崇伝《すうでん》から厳しく詰問された。

且元とは別に、淀殿の使者として、大蔵卿局・二位局・正栄尼らが駿府に下向したが、家康は彼女らを丁重にもてなし、鐘銘のことなど一切口にせず、淀殿・秀頼への慰問の言葉さえ与えた。

彼女らはすっかり気をよくして大坂城に戻ったが、一方の且元は、

・秀頼が江戸に参勤する。
・淀殿が人質として江戸に下る。
・秀頼が大坂城を出て国替えに応じる。

これら三つの内いずれかしか、家康の激しい怒りを解く方法はないと言上した。大蔵卿局らの復命とのあまりの違いに、徳川方への内通を疑われた且元は、弟・貞隆とともに大坂城を出て、十月一日に居城の茨木城へと退去した。そして、この日、家康は、近江・伊勢・美濃・尾張等の諸大名に大坂への出陣を命じた。

一般には、この慶長十九年十月一日が大坂の陣の始まりと考えられている。あるいは大仏殿の鐘銘事件が勃発した同年七月とする考え方もある。さらに遡《さかのぼ》って、慶長十六年三月二十八日に行われた京都・二条城での家康と秀頼の会見を起点とみなす考えもある。立派に成人した秀頼を京都の民衆が熱狂して迎える様子を見て、家康は豊臣家討滅を決心したというのである。

しかし、当時の幕府の認識はそのいずれでもなかった。

大坂夏の陣ののち、幕府は諸大名に豊臣方の残党狩りを命じたが、その際、豊臣方残党を「古参」と「新参」に分けた。「古参」は豊臣家譜代の臣で、主家の命に従っただけなので対象外とし、幕府と戦うために大坂城に入った「新参」についてのみ厳しい探索を命じた。

この「古参」と「新参」の線引きについて、慶長二十年六月十四日付の安藤重信・土井利勝・酒井忠世連署状には「去々年」、すなわち慶長十八年と明記されている。

これについて細川忠興は、「御触状に去々年とこれあるところ、おのおの不審たるべく候。大坂御むほんの御くわだて、去々年二月時分よりの儀と、只今知れ申し候」と解説した（『細川家記』）。

慶長十八年二月二十七日、大坂城では山里曲輪に新たに建てられた豊国社の社殿で正遷宮の儀が行われた。大坂城への「豊国大明神」の分霊勧請が、秀頼の決意表明だったのであろうか。

十五　真田信幸・幸村の官職

文禄三年（一五九四）十一月二日、真田信幸（信之）・信繁（幸村）兄弟は、それぞれ従五位下伊豆守、従五位下左衛門佐に任官した。

信幸は信濃・上田城主真田昌幸の長男、信繁は次男である。

平成二十八年（二〇一六）に放送されたNHK大河ドラマ「真田丸」では、彼ら二人の任官を次のように描いた。

豊臣秀吉（小日向文世）の側近くに仕えた信繁（堺雅人）に対し、秀吉が官位を与えようとする。しかし信繁が、兄を差し置いて自分だけが官位を賜ることはできないと断ったため、秀吉は激怒する。そこに秀吉から関白職を譲られていた秀次（新納慎也）が割って入り、何とか事を収め、結果、文禄三年十一月二日、真田信幸（大泉洋）には「従五位下伊豆守」、信繁には「従五位下左衛門佐」の官位が与えられた。しかし、信幸は「おれが『かみ』で、お前が『すけ』か。気を遣いおって」と言い、「弟の情けで官位をもらっても、うれしくも何ともないわ」と怒った。

信幸・信繁兄弟が賜った「伊豆守」や「左衛門佐」などの官職は古代律令制で定められたもので、既にその役職に実態はなかったが、当該人物の格式を示す指標として機能した。室町幕府の権威が失墜した戦国時代には「僭称《せんしょう》」といい、武将たちが勝手にさまざまな官職を名乗ったが、豊臣政権下のそれは、豊臣政権が推挙・奏上し、朝廷から正式に与えられたものである。

古代律令制の官職は、「四等官制」といい、すべての役職が「かみ・すけ・じょう・さかん」という四等級の役職で構成された。「かみ」が長官で、「すけ」が次官なので、大河ドラマでは、「伊豆のかみ」に任官した信幸が、「左衛門のすけ」に任官した信繁に対して、「おれが『かみ』で、お前が『すけ』か。気を遣いおって」と言ったのである。

けれど、すべての「かみ」がすべての「すけ」より上位にあったわけではない。現在でも財務省・文部科学省・国土交通省といった「省」と、国税庁・文化庁・観光庁といった「庁」にはレベル差があるように、律令制下でも役所ごとにランクがあり、訓《よ》みは同じ「かみ・すけ・じょう・さかん」でも、用字も異なった。

式部省・治部省・民部省・兵部省・大蔵省といった「省」では、「卿・輔・丞・録」、中宮職《しき》・大膳職・左京職・右京職・修理職などの「職」では「大夫・亮・進・属」、内蔵寮・玄蕃寮・内匠寮・主計寮・掃部寮などの「寮」では「頭・助・允・属」、内膳司・東市司・西市司・織部司などの「司」では「正・首・佑・史」、左衛門府・右衛門府・左兵衛府・右兵衛府などの「府」では「督・佐・尉・志」、諸国の国司の場合は「守・介・掾・目」を用いた。

たとえば、「忠臣蔵」の浅野長矩《ながのり》の「内匠のかみ」は「内匠」が「寮」なので「内匠頭」、大石良雄の「内蔵のすけ」は「内蔵」が「寮」なので「内蔵助」となり、吉良義《よし》央《なか》の「上野のすけ」は「上野」が国なので「上野介」となる。名奉行で知られる大岡忠《ただ》相《すけ》の「越前のかみ」は「越前」が国なので「越前守」、遠山景元の「左衛門のじょう」は「左衛門」が「府」なので「左衛門尉」である。豊臣秀吉の忠臣として著名な加藤清正の「主計のかみ」は「主計」が「寮」なので「主計頭」、秀吉没後の豊臣家を支えた片桐且元の「東市のかみ」は「東市」が「司」なので「東市正」といった具合である。

こうした律令制下の官職は「官位相当制」といってそれぞれの役職が何位相当の職であるかが決められていた。たとえば加藤清正の「主計頭」は従五位上、片桐且元の「東市正」は正六位上相当の役職で、従五位上と正六位上の間には従五位下が入るので、同じ「かみ」でも清正の「主計頭」は且元の「東市正」より二ランク上の役職ということになる。

国の場合は、さらに大国・上国・中国・下国という四ランクがあり、大国の守なら従五位上、上国の守なら従五位下、中国の守なら正六位下、下国の守なら従六位下と、同じ「国」の「守」でもかなりの差があった。

これらを踏まえた上で、信幸と信繁の官職についてみてみると、信幸の「伊豆守」は伊豆が「下国」なので従六位下相当の役職であるのに対し、信繁の「左衛門佐」は従五位下相当の役職で、信繁が四ランクも上の役職に就いたことが知られる。ともに位は「従五位下」を賜っているので、信繁がその位階にふさわしい役職を賜ったのに対し、信幸は四ランクも下の役職を与えられた。大河ドラマの描き方は間違っていたのである。

ちなみに兄弟の父真田昌幸は「安房守」であるが、安房は「中国」なので正六位下相当の役職である。文禄三年十一月二日の時点で、官職という点では、信繁が最上位で、二ランク下に昌幸、さらに二ランク下に信幸が位置したことになる。

十六　真田昌幸の死

慶長五年（一六〇〇）の関ヶ原合戦の際、徳川方の東軍は東海道・中山道の二手に分かれて上方に向かった。中山道軍を率いる徳川秀忠の前に立ちはだかったのが、信州上田城主の真田昌幸で、昌幸に散々に翻弄された秀忠は、肝心の九月十五日の関ヶ原本戦に遅れるという大失態を演じた。中山道軍を欠く東軍は、徳川家康が率いてきた東海道軍のみで、石田三成らの西軍と激突した。

辛うじて勝利を得たものの、実は榊原康政・大久保忠隣《ただちか》・本多正信・酒井家次ら徳川譜代の主だった面々は中山道軍に属しており、東海道軍を構成したのは福島正則・池田輝政・黒田長政・浅野幸長・細川忠興・山内一豊・加藤嘉明といった諸将であった。

正則らは石田三成憎しで東軍に身を投じたものの、もともとは秀吉の子飼いで、豊臣恩顧の大名たちであった。彼らの奮戦によって勝利を得た家康は、戦後、彼らに大盤振る舞いせざるを得ず、大幅な加増を得て大々名となった彼らの存在は、合戦に勝利して一気に覇権確立を目論んだ家康にとって、その野望を阻む大きな障害となったのである。

一方、醜態を演じた秀忠は、家康から大目玉を喰らっただけでは済まず、戦後、家康は老臣の大久保忠隣・本多正信・井伊直政・本多忠勝・平岩親吉を集め、秀忠を廃嫡して他の息子を嫡子にすべきかどうか、意見を求めたと伝えられる（「台徳院殿御実紀附録」）。

家康には、秀忠以外にも、秀忠の兄秀康、弟の忠吉・信吉・忠輝ら、たくさんの後継者候補があり、それぞれに傅役《もりやく》や妻の実家などの支持勢力があった。

幸い廃嫡こそ免れたものの、自らの立場を危うくする事態を招いた真田昌幸に対し、秀忠は、絶対に許さぬとの思いを抱いたに違いない。


昌幸の嫡男・真田信之（信幸）は徳川家康の養女小松姫（稲姫）を正室とし、関ヶ原合戦の際には父とたもとを分かち、東軍に与した。その信之の懸命な嘆願が実り、昌幸と次男・幸村（信繁）は助命され、高野山に配流となった。昌幸らは当初、真田家の檀那寺である高野山上の蓮華定院《れんげじょういん》に入ったが、やがて麓の九度山《くどやま》に移り、そこで蟄居生活を営んだ。

その九度山から故郷真田（長野県上田市真田町）の信綱寺住職に宛てた慶長八年三月十五日付の真田昌幸の手紙が遺っている。信綱寺は天正三年（一五七五）の長篠合戦で討死を遂げた昌幸の長兄・真田信綱の菩提寺である。

手紙の中で昌幸は、「度々お手紙を頂戴し、恐縮に存じます。私の方は変わりなく元気にしていますので、ご安心ください」と述べたあと、「今年の夏には内府様《だいふ》（徳川家康）が関東にお下りになると聞いています。その際、本多正信殿が私のことを内府様に執り成してくれることになっています。そうすれば、間もなくこの地を出てそちらに戻れるでしょうから、その折に直接お会いしてお話しできるのを楽しみにしています」と書いている。昌幸は家康側近の本多正信を通じて自らの赦免工作を行なっており、それが功を奏して赦免され、まもなく故郷に戻れるはずと、高を括っていたのである。

昌幸より少し前の事例になるが、戦国時代関東に覇を唱えた小田原北条氏五代の氏直は、天正十八年に秀吉の小田原攻めで敗れたものの、家康の娘・督姫の婿であったことから、家康の執り成しで助命され、高野山に追放された。けれど、わずか半年ほどで赦免され、秀吉から一万石を与えられて、小なりとはいえ大名に復帰した。このように、案外早く、赦免の機会は訪れるのである。だからこそ、昌幸も呑気《のんき》に構え、先のような手紙を送ったのであるが、昌幸にはついぞ赦免の報せは届かず、失意の裡《うち》に、慶長十六年六月四日、九度山で六十五年の波瀾の生涯を終えた。

父・昌幸逝去の報に接した信之は、本多正信に父の葬儀を執り行ないたい、と相談した。それに対する同年六月十三日付の正信の返書が遺っている。

まず、「御親父様、高野に於いて御遠行の儀、是非に及ばざる御事に候」と、丁重にお悔やみを述べたあと、正信は「あなたが葬儀を行ないたいとおっしゃるのはもっともなことですが、何しろ昌幸殿は『公儀御憚《はばか》りの仁』ですから、家康様、秀忠様のお許しを得てからにすべきだと思います。まずはおうかがいを立て、お二人の了解を得、亡き昌幸殿が赦免されてから葬儀をなされるべきかと存じます。あなたからお尋ねがあったので、このように申し上げるのです。すべてはあなたのことを思ってのことです」と伝えている。

昌幸自身はすぐにも赦免されると考え、気楽に構えていたが、家康・秀忠の昌幸への憎悪は彼が思っていたよりはるかに深く、亡くなってもなお、「公儀御憚りの仁」として葬儀を営むことさえ許されなかったのである。

十七　真田幸村の評価

慶長十九年（一六一四）十月一日、徳川家康は近江・伊勢・美濃・尾張・三河・遠江の諸大名に大坂への出陣を命じた。大坂冬の陣の始まりである。

家康自身は十月十一日に駿府城を発ち、その日は田中（静岡県藤枝市田中）、翌日は掛川（静岡県掛川市）、翌々日は中泉（静岡県磐田市中泉）と、鷹狩りをしながら悠然と軍を進め、十四日には浜松城に到着した。

家康のもとには連日、京都所司代の板倉勝重から上方情勢を伝える飛脚が届いたが、この日の書状には別紙として新たに大坂城に入城した「諸牢人」のリストが付けられていた。

その筆頭に挙げられていたのが真田幸村（信繁）で、家康側近が記した『駿府記』の同日条には、「真田源三郎。是は先年関が原御陣の時、御敵として御勘気を蒙り、数年高野山に引き籠る。秀頼、当座の音物《いんもつ》として、黄金二百枚、銀三十貫目、これを遣わし、大坂に籠城」と記される。

「真田源三郎」は幸村の兄信之（信幸）のことなので、正しくは「真田源次郎」とすべきであるが、この兄弟、兄が「源三郎」、弟が「源次郎」で、名乗りが逆転しているため、誤って記されたに違いない。名乗りに関しては、徳川幕府が編纂した『寛政重修《かんせいちょうしゅう》諸家譜《しょかふ》』などの公式記録では、信之・幸村ともに真田昌幸の正室・山之手殿の子となっているが、実は幸村は妾腹で、信之よりも先に生まれていたが、正室の生んだ信之が兄とされたため、逆転が生じたのではないか、とする説もある。

それはともかく、大坂城入城に際し、豊臣秀頼から幸村に渡された当座の支度金の額であるが、黄金一枚が十両であるから、一両が現在の三十万円程度だとすると、「黄金二百枚」でおよそ六億円、銀は一匁（目）で現在の五千円程度とすると、「貫」は千を意味するから、「三十貫目」でおよそ一億五千万円となり、総額七億五千万円もの大金を幸村は手にしたことになる。

ところで、真田幸村入城の報せを受けた際の家康に関するエピソードが伝わっている（『先公実録』）。

板倉勝重からの使者が浜松城に到着し、「真田籠城の由」が伝えられると、家康が奥から姿を現し、使者に直接、「親か子か、親か子か」と尋ねたというのである。その際、戸にかけた家康の手が恐怖で震えていたため、戸がガタガタと音を立てたが、使者が「親の昌幸は既に亡くなっており、入城したのは子の幸村」と答えると、家康はホッと胸を撫で下ろした、とされる。

このときまで家康が昌幸の死を知らなかったとは到底思えないので、この話をそのまま事実として受け取ることはできないが、このエピソードは、家康は父の真田昌幸のことは極度に恐れたが、子の幸村についてはそれほど評価はしていなかったということを物語っているのであろう。

徳川家康は天正十三年（一五八五）の第一次上田合戦（神川合戦）で、真田昌幸の居城上田城を大軍で攻めたにもかかわらず、昌幸の巧みな用兵により惨敗を喫した。慶長五年の関ヶ原合戦の際の第二次上田合戦では、中山道を急ぐ徳川秀忠の大軍がやはり昌幸に翻弄され、結局、九月十五日の関ヶ原本戦に間に合わないという大失態を演じた。

幸村は第二次上田合戦では父・昌幸とともに戦い、第一次上田合戦の際には上杉景勝のもとに人質として出されていたので参戦しなかったとも、したとも伝えられるが、参戦していたとしても、第二次上田合戦同様、父昌幸の指揮に従ったまでで、徳川の大軍を二度にわたって破った実績は、あくまでも真田昌幸のものであり、幸村には、大坂城入城まで、指揮官としての経験は皆無だったのである。先の家康の逸話はそうしたことを語ったものであろう。

そのような家康の評価とは裏腹に、豊臣秀頼はたいそうな支度金を出して幸村を迎え入れた。

また、秀頼の家臣で、夏の陣後も生き延びた山口休庵が書き遺した『大坂陣山口休庵咄』には「諸牢人召し抱えらるるの事」と題して、大坂城に入城した主だった浪人衆のリストが記されているが、その筆頭に挙げられるのが真田幸村で、豊臣家勝利の暁には「五十万石の御約束にて」入城し、「人数六千ばかりを相具し」籠城したと記されている。二番目に挙げられる長宗我部盛親が旧領の「土佐一国を下さるべく御約束にて、人数五千相随え」籠城したというのと比較すると、当時、土佐一国の大名山内家が二十万二千六百石であったから、幸村は盛親の倍以上の条件を提示されて入城したことになる。豊臣秀頼はそれほど高く幸村を評価したのである。

慶長十九年十二月四日に行われた真田丸の攻防戦で、幸村は父・昌幸直伝の得意の戦術を駆使して、前田利常・井伊直孝・松平忠直・藤堂高虎ら徳川の大軍相手に圧倒的大勝利を収めた。

幸村の実力を低く見積もった家康は、またしても大きな代償を払わされる結果となったのである。

十八　後藤又兵衛への勧誘工作

「去る六日、七日、京都諸牢人の内、長曾我部宮内少輔、後藤又兵衛、仙石豊前守、明石掃部助、松浦弥左衛門、そのほか名も知らざる牢人千余人、金銀を出し、籠城抱え置く」（『駿府記』慶長十九年十月十二日条）。

大坂冬の陣勃発にともない、慶長十九年（一六一四）十月六日、もしくは七日に後藤又兵衛は大坂城に入った。

又兵衛は、黒田官兵衛とその子・長政の二代にわたって黒田家に仕え、慶長五年の関ヶ原合戦後に、長政が筑前福岡五十二万三千石の太守になると、又兵衛も領内大隈（福岡県嘉麻市大隈）で一万石を領する城主となった。けれども、長政は次第に又兵衛を疎んじるようになり、慶長十一年、ついに又兵衛は黒田家を出奔した。

故郷の播磨に戻った又兵衛は、姫路城主・池田輝政の客分となったが、慶長十八年正月二十五日に輝政が亡くなると、長政から池田家に「奉公構え（旧主家から新たな仕官先への仕官差し止め要求）」の横槍が入り、又兵衛は池田家を辞して、京都で浪人生活を営むこととなった。

幕府はそんな又兵衛が大坂城に入ってはやっかいと考え、又兵衛を黒田家に帰参させるべく、積極的な動きをみせる。

姫路の芥田家は、播磨一国の鋳物師《いもじ》を束ねる頭領（惣官職）の家柄で、一時期又兵衛が同家に逗留したと伝え、又兵衛宛の手紙が残る。

慶長十九年二月十二日付の幕府旗本滝川忠征と三好房一の連署状には、

「筑前殿（長政）にあなた様（又兵衛）の言い分を伝えました。あなたの希望どおりにすべてのことが決着しました。それについて筑前殿から書状も届きました。その手紙をそのまま届けたらいいのですが、紛失の恐れもありますので、まずは写を作って送ります」とあり、さらに「あなた様のことは安藤帯刀殿（安藤直次。徳川家康付きの老中）と成瀬隼人殿（成瀬正成。徳川家康付きの老中）のはからいで、安藤対馬殿（安藤重信。直次の弟で、徳川秀忠付きの老中）がお世話することになりました。まもなく安藤対馬殿からお手紙が届くと思いますが、この件についてはとにかく安藤帯刀殿、成瀬隼人殿、安藤対馬殿にお任せになるのがよいと思います」と伝えている。

そして、「この手紙が届いたら、必ずお返事をください。四月いっぱいまで待ちます。もし五月一日になっても返事が届かなかったら、今回の件はなかったことにさせていただきます。私たち二人も又兵衛殿と筑前殿の間の使者をやめます。安藤帯刀殿も成瀬隼人殿もそのようにおっしゃっています」と、圧力もかけた。

ところが不測の事態が起こる。芥田家には慶長十九年六月二十四日付の滝川忠征・三好房一の連署状も残る。

「二月十二日付の手紙を届けてもらうことになっていた安藤対馬殿が、あなたにお届けする手筋がないといって手紙を返して来られたので、先の手紙があなたに届いていないことがわかりました。思いもしなかったことです」と釈明しており、先の連署状が実は又兵衛に届かなかったことがわかる。

「前回の手紙には筑前殿の手紙の写を添えましたが、今回は実物を添えます。そして、安藤帯刀殿と成瀬隼人殿のお二人の手紙も添えます」と述べ、

「あなたは筑前殿と顔を合わすのは気まずいでしょうから、黒田家帰参ののちもこれまでどおり京都で気楽に暮らし、かわりにご子息とあなたのご母堂が福岡に来ればいい、ということになりました。筑前殿が提示してこられたこうした条件にあなたが同意するのであれば、今後は二度と諸大名や、筑前殿と仲の悪い武将たちとは書状を取り交わさないとの誓紙を出されるのがいいでしょう」と記している。

これにより、又兵衛が主君長政を介さず、直接諸大名と連絡を取り合ったことが、両者不和の最大の原因であったことが知られるのである。

そして、「そちらに届かなかった二月の手紙も一緒に送ります。筑前殿が出してきた条件に貴殿が同意されるのであれば、七月中にお返事をください。成瀬隼人殿、安藤帯刀殿も同意するのがよいとおっしゃっています」と伝えている。

この手紙にある安藤直次・成瀬正成の連署状も芥田家に残っており、そこには、「三好丹後（房一）・滝川豊前（忠征）の二人が奔走した結果、あなたの言い分が認められたのだから、黒田家に帰参するのがよいと思います。私たちが間に立ってきちんと話をまとめたのですから、あなたが黒田家に帰参しても、何ら都合の悪いことはないはずです」と記されている。

又兵衛を黒田家に帰参させるため、幕府老中が両者の間に入って調整し、帰参後も又兵衛はそのまま京都にいて構わない、福岡に来る必要はない、という大幅な譲歩を黒田長政から引き出すことに成功した。

しかし結局、又兵衛がこの条件を呑むことはなかったのである。

十九　後藤又兵衛への寝返り工作

後藤又兵衛が豊臣方に与するのを阻止すべく、幕府老中の安藤直次・重信兄弟と成瀬正成は、又兵衛と旧主黒田長政の間を取り持ち、又兵衛の黒田家帰参を推し進めた。長政からは大幅な譲歩を引き出すことに成功したものの、結局、それに同意することなく、又兵衛は大坂城入城を果たす。

幕府による勧誘工作はものの見事に失敗に終わったわけであるが、すると、今度は掌を返すような挙に出る。

慶長十六年（一六一一）に幕府は、堺で又兵衛の子・左門を捕らえ、毛利家に預けていた。安藤重信と神尾守世は慶長十九年十一月十二日付で毛利宗瑞《そうずい》宛に手紙を送り、「左門をこちらに送ってください。他でもありません。このたび後藤又兵衛が大坂城に入りましたので、左門を人質にとって又兵衛に両御所様（家康と秀忠）に味方するよう説得するつもりです。左門がこちらに来て、我々の目論見どおり又兵衛が寝返りに応じるようであれば、又兵衛には相応の知行を与え、幕府に仕えてもらおうと思っています」と伝えた。

宛名の「毛利宗瑞」とは、豊臣家五大老の一人で、関ヶ原合戦では西軍総大将を務めた毛利輝元のことで、輝元は関ヶ原合戦後、剃髪して「宗瑞」と号していた。

重信らの手紙には「信頼できる者を添えて左門をこちらに送り届けてください」とあったので、宗瑞は、同年十一月十七日付で重臣の益田元祥・山田元宗に手紙を送り、「後藤左門のことについて安藤重信と神尾守世から手紙が届いたので、早々に左門を上方に送るように。警護役として、三上就忠・元友親子と井上惣右衛門を付けて、急ぎ左門を送り届けよ」と指示した。その手紙の中で宗瑞は、

「左門が途中で海に飛び込み、自殺でもしたらたいへんなことになるので、そのようなことが起こらないよう気をつけることが肝心である。とはいえ、何といっても後藤又兵衛の子で、大切な人質でもあるから、箱や桶の中に入れて、蓋をしておくというわけにもいくまい。左門を船に乗せたら、その船屋形を厳重に見張ることが重要だ。もちろん

船の中でもしっかり左門の世話をすることは必要であるし、紙や筆も使えるようにしてあげなさい。幕府は、又兵衛が徳川方に味方をすれば領地を与えようと考えているので、その旨をきちんと説明し、左門を納得させた上で送ることが重要だ」とも記している。

ところが宗瑞の心配が現実のものとなる。

幕府から預けられて以来、山口に置かれていた左門を、毛利氏領国の三田尻港（山口県防府市）から船に乗せ、宗瑞の指示どおり、三上親子と井上惣右衛門を付き添い役とし、加えて中間《ちゅうげん》四人が左門を警護した。

左門は「帯刀放囚」、すなわち腰に刀を帯び、自由に動ける状態だったが、ある夜、三上元友が見張り役を務めた際、元友が少し離れた隙《すき》に左門が船屋形から飛び出した。中間たちが左門を捕らえようとしたが、二人は斬られてその場で即死、残る二人は深手を負った。そして左門は自害し果てたのである。

十一月二十三日付で毛利家家老福原広俊のしたためた手紙が残るが、そこには、「たいへんなことが起こってしまった。幕府に対していったい何と説明したらいいのか。言い訳しても仕方あるまい。ありのまま伝えるしかない。そもそも刀を持たせていたことが原因だ。刀をとりあげておけばよかったのだ。せめて、監視につけていた中間の長脇差を奪い取って斬りまわり、その脇差で自害を遂げたとでも取り繕ったらどうであろうか」とあり、幕府に対して顔向けできない失態を犯し、うろたえる毛利家の様子がうかがえる。

大坂の陣で活躍した豊臣方の浪人衆といえば、まず第一に真田幸村の名が思い浮かぶが、幕府が幸村のもとに、幕府の旗本となっていた叔父の真田信尹《のぶただ》を派遣して、十万石や信濃一国という条件を提示して寝返りを促すのは、幸村が徳川方の大軍相手に圧勝してみせた慶長十九年十二月四日の真田丸の攻防戦以降のことであり、彼の大坂城入城前後に幕府が勧誘工作を行なった形跡は見られない。

一方、又兵衛に対しては、幕府はこれだけ執拗に勧誘工作、寝返り工作を行なった。こうした事実は、幕府が又兵衛という存在をいかに重く見ていたか、幕府が又兵衛をどれほど警戒すべき人物と考えていたかを示している。

大坂城入城まで将としての実績がほとんどなかった幸村に比べ、又兵衛は、文禄二年（一五九三）六月の第二次晋州城攻めで、朝鮮半島随一の堅城として知られる晋州城に一番乗りを果たして同城攻略のきっかけをつくり、慶長五年の関ヶ原合戦でも、その前哨戦となった合渡川《ごうと》の戦いにおいて、連日の豪雨で水嵩《みずかさ》が増し、諸将が躊躇《ちゅうちょ》する中、真っ先に馬を乗り入れて川を渡り、一番乗りで敵陣への突入を果たした。又兵衛の勇名は天下に轟《とどろ》いていたのである。

二十　「駒繋《こまつなぎ》の松」と「霧降《きりふり》の松」

聖徳太子の創建で著名な四天王寺の西門から逢坂を下ると、坂の中腹左手に浄土宗の名刹・一心寺がある。

一心寺は、浄土宗の宗祖・法然上人が日想観を修した草庵の旧跡と伝えられ、法然上人の足跡をたどる法然上人（円光大師）二十五霊場の第七番札所となっている。日想観とは、西の果てに沈む夕陽を眺め、そこに阿弥陀如来のおわします極楽浄土を観想する修行である。

さて、慶長三年（一五九八）八月十八日に豊臣秀吉が伏見城で六十二歳の生涯を終えると、秀吉の遺言により、翌慶長四年正月十日に秀頼と淀殿が伏見城から大坂城の本丸に入る。亡き秀吉の正室北政所お祢（高台院）は西の丸に退き、同年九月二十六日には、さらに大坂城を出て、御所近傍の京都・三本木《さんぼんぎ》の屋敷に移った。

二日後、徳川家康が西の丸に入る。以降、家康は大坂城西の丸で豊臣政権の大老として政治を行ない、やがて関ヶ原合戦へと至る。

家康が大坂城西の丸で暮らした時期、慶長五年三月七日に家康八男の仙千代が六歳で夭逝《ようせい》した。一心寺で葬儀が営まれ、ときの住職・本誉《ほんよ》存牟《ぞんむ》上人が導師をつとめた。仙千代の遺骸は一心寺に葬られ、同年秋に営まれた満中陰法要では京都・知恩院の満誉尊照大僧正が導師をつとめ、父・家康も列席したと伝えられる。この時、家康は乗って来た馬を一心寺北門脇の巨大な松に繋いだと伝えられ、以来その松は「駒繋の松」と呼ばれるようになったという。

それまで一心寺は「寿命山観称院一心寺」というのが正式名称であったが、家康は逢坂中腹のこの「駒繋の松」に因んで山号を「坂松山」、仙千代の法号「高岳院殿華窓林陽大童子」に因んで院号を「高岳院」と改めたとされる。一心寺境内には今も仙千代の墓塔が残っている。

ところで、現在北門脇の松の古株のところには「きりふりの松」と刻まれた石碑が建つ。大坂夏の陣最後の決戦で、真田幸村の襲撃を受け、家康が絶体絶命のピンチに陥った際、この松から突然霧が吹き出て家康の身を隠し、窮地を救ったと伝承されるのである。この伝承はたいへん有名で、明治十一年（一八七八）に刊行された錦絵『日本略史図』の一枚に浮世絵師の二世長谷川貞信がこの逸話を描いている。

このように現在一心寺では一本の松が「駒繋の松」とも「霧降の松」とも呼ばれたと伝承しているのであるが、大正十一年（一九二二）刊行の『大阪府全志』には、「書院の庭中に駒繋の松あり、家康の陣営に赴かんとして馬を繋ぎし所なりと伝ふれども、今は枯死して其の朽株のみを残せり。霧ふりの松は、元和の役に家康の真田幸村に追はれて当寺に入りし時、霧を降らせし樹なりとなん」とあり、当時、「駒繋の松」と「霧降の松」は別個に存在し、「駒繋の松」は「書院の庭中」に存在したことが知られる。また家康が馬を繋いだのは、仙千代の満中陰法要の際ではなく、「陣営に赴」く際と伝承されていたことも知られるのである。

さらに遡って暁鐘成（一七九三〜一八六〇）が著した『摂津名所図会大成』で「坂松山一心寺高岳院」の項を見ると「駒繋松」があり、「当寺書院の庭ニあり。大将軍国初の御時、茶臼山の御陣営に御成あらせられ、其砌《そのみぎり》ここに御駒を繋がせらる。幹のふとさ壱尋《ひろ》半、高サ弐丈許《ばかり》」と記される。

『摂津名所図会大成』のこの記述は寛政十年（一七九八）に刊行された秋里籬島《りとう》の『摂津名所図会』を写したものであるが、これにより家康が赴いた「陣営」は茶臼山のそれであったことが知られ、「大将軍国初の御時」とあるから、大坂夏の陣に勝利した家康が、茶臼山の頂上に旗を立て、麓に諸将を集めて勝鬨《かちどき》を挙げた際の伝承であることがわかる。

併せて、『摂津名所図会』『摂津名所図会大成』ともに「霧降の松」についてはその存在すら触れないことから、「霧降の松」の成立は相当新しいと推測されるのである。

一心寺には、寛永六年（一六二九）頃の製作と考えられる境内図が伝来するが、現在の「霧降の松」の場所に立派な松が描かれるにもかかわらず、「霧降の松」の名称は記されない。他方、逢坂に沿って北門からさらに西に下った位置に描かれる松には「駒繋の松」の墨書がある。これよりしても、「駒繋の松」の伝承が早く成立し、「霧降の松」が大幅に遅れたことは間違いない。

但し、先行する「駒繋の松」についても、境内図に描かれる位置が、『摂津名所図会』などに記される「書院の庭」とは異なることに注意しなければならない。境内図に描かれる巨大な松が移植されたとは考え難いので、ある時期からは当初のものとは別の松が「駒繋の松」とされたのであろう。

二十一　徳川家康と神武天皇

慶長二十年（一六一五）五月六日、大坂夏の陣道明寺合戦で大敗を喫した豊臣方は、真田幸村が殿軍《しんがり》を務め、大坂城へと引き揚げた。

道明寺から古市街道を大坂城に向かって進むと、途中、平野郷（大阪市平野区）に至る。平野郷は戦国時代、堺とならぶ自治・商業都市として栄え、周囲を環濠がめぐり、馬場口・泥堂《でいどう》口・市ノ口・流《ながれ》口など十三の出入口で外部と通じていた。それぞれの出入口には木戸が設けられ、傍らには地蔵堂が建てられた。

古市街道をつかうと、樋尻《ひのじり》口から平野郷に進入することになるが、真田幸村は後から進軍して来る徳川家康を討ち取るため、樋尻口の地蔵堂に地雷火《じらいか》を仕掛け、周囲に兵を伏せた。

幸村の予想どおり、家康は樋尻口の地蔵堂で休息をとったが、まさに地雷火が爆発するというそのときに、家康は尿意を催し、地蔵堂を出た。
そのため、家康は難を逃れたが、そこに真田勢が襲いかかる。家康は馬に跨《またが》って逃げ、樋尻橋の下に潜んだ。ところが、追撃してきた幸村の馬が樋尻橋の上で嘶《いなな》くと、家康の馬が応じたため、見つかってしまう。家康はさらに南へと逃げ、辰巳池に群生する葦の中に身を隠した。後を追って幸村がやってきたが、家康が池の中へと入って行ったのならば、葦の葉が内側に向いているはずなのに、葉がすべて外側の堤の方に向いていたので、幸村は家康が池には入らず、どこかへ逃げたものと思い、辰巳池から去った。

これは「平野の地雷火」と呼ばれる伝説で、大正十一年（一九二二）刊行の『大阪府全志』や昭和六年（一九三一）刊行の『平野郷町誌』などにその内容が紹介されている。普通はここから、家康は葬式駕籠の中に潜み、大久保彦左衛門ら近臣たちに護られて泉州方面へと急いだものの、運悪く途中で後藤又兵衛に出くわし、不審に思った又兵衛が馬上から駕籠に槍を突き立て、刺し貫かれた家康はこと切れ、彦左衛門らが家康の遺体を堺の南宗寺に運び込む、という展開になる。

けれどもこの伝説には異説がある。平成元年（一九八九）刊行の『ひらののオモロイはなし』には次のようにある。


「徳川家康が、大坂城を攻めた時のこと――。

家康は平野の陣に居ったのやが、大坂方の智将、真田幸村は星を仰いで家康が平野の陣にありと出たため、決死の部下を率いて、平野に討って出たのや。

家康は不意をつかれて、乱戦の中で守る兵もなくなり、ただ一人で竹淵堤《たこち》まで逃げてきていた。その時幸村はもう一ぺん星を仰いで、たしかに家康はこの付近にありと、竹淵堤を進んできた。もうあかん、進退ここにきわまったと思われたのやが、かたわらを見ると藪がある。家康は、命からがら藪の中へ逃げ込んだのや（この藪を、平野の人は『塩川の藪』と呼んでいた）。

その後、家康は土地の人に助けられて、百姓姿に身を変え、肥舟《こえぶね》に乗って、平野川から逃げることができた。のち天下を取った家康は、この時の嬉しさを思うて、塩川さんにほうびを下さると共に、この藪の中に逃げ込んだ六日を、世間の下積みになっている人々の休養日に決めたのや。

それがいま、「やぶ入り」とか「六入」とかいうて、奉公人の休日や、嫁さんの里帰りの日になってるんやでー。」

家康は泉州方面には向かわず、平野郷に隣接する竹淵村《たこち》（八尾市竹渕《たけふち》）の庄屋・塩川家の藪に逃げ込み、百姓姿に身をやつし、肥舟に乗って無事脱出したというのである。塩川家には、家康から褒美に賜ったという三葉葵紋付きの茶碗が伝来する。家康が馬を繋いだという大楠もあったが、昭和二十七年に開業した国鉄阪和貨物線の線路敷設のため伐採され、今は石碑だけが残る。

ところで、竹渕神社に万治三年（一六六〇）成立の「竹淵郷社縁起」が伝存し、そこでは、『古事記』『日本書紀』の神武天皇東征説話にまつわる伝承が語られる。

日向から東征して来た神武天皇は河内から生駒山を越えて大和に入ろうとするが、土地の豪族長髄彦《ながすねひこ》に阻まれる。長髄彦に襲われた天皇は竹淵郷の「大竹藪」に逃げ込み、難を逃れたといい、「土俗の説に、天皇藪へ入せ給ふ時、士卒安気せしより末代の人の行てやすらふを、藪入と云伝へしとハ、此村ニ覚ける諺《ことわざ》也」と記すのである。異説の主人公は元来、神武天皇であった。

それが、「竹淵郷社縁起」からおよそ百年後の宝暦八年（一七五八）の「竹淵村絵図」には「東照宮御馬繋御旧跡」と書かれており、この間に主役が神武天皇から徳川家康に変わったことが知られるのである。

二十二　徳川家康の墓

大阪府堺市の南宗寺境内に「東照宮徳川家康墓」がある。傍らには再興の経緯を記した「再興由緒碑」が建つ。

「堺の名刹南宗寺境内に座雲亭と称する鐘楼が伝統を包んだ静かな環境の中に毅然と気品ある構を見せている。その前に山岡鉄舟の筆になる質素な墓一基が眠るが如く安置されている。徳川家康墓とある。当時より世上には一部伝えられていても、広く大方には秘密同様になっていた。此処が大将軍徳川家康の終焉の地であることは、有力な史家が保証するところで、又それを物語る文献遺物も幾多残されている。（中略）徳川家に縁故があり、心から公を礼讃する者の一人として、公の墓碑を改めたいとの小生の多年の宿願を果たすべく、今度、東照宮徳川家康墓を石碑として再建、面目を改めたいと考えた次第であります。（中略）霊魂永《とこし》えに鎮まります公終焉の地として由緒ある名刹に懇請致し、冥福を祈念致し度く、地元名士の代表として堺市長河盛安之介氏のご賛同を得ました。又、南宗寺住職白石宗川代大僧正の御快諾を得、顧問として国務大臣　塚原俊郎殿　松下電器会長　松下幸之助殿　松下電工社長　丹羽正治殿の御賛同をも得まして、茲《ここ》に墓碑再建の決意をかたく致しました次第で御座います。合掌
昭和四十二年徳川家康之臣　水戸徳川家初代家老　三木仁兵衛之次《ゆきつぐ》子孫　三木啓次郎」

「東照宮徳川家康墓」は大坂夏の陣で徳川家康が討死したという伝説に基づくもので、伝説自体は大正十一年（一九二二）刊行の『大阪府全志』や昭和五年（一九三〇）刊行の『堺市史』に紹介されているが、内容には多くの矛盾があり、『堺市史』が「孤立無援の悲惨な大阪方の運命に対する同情と、狡獪冷酷を極めた家康に対する反感とが、斯る説話を生み出して、民衆自らの不快を慰めんとしたのは寧ろ有勝《ありがち》のことであったが、今日では一般に史実の穿鑿《せんさく》からもはや其是非を論ずる迄もない事と看做《みな》されている」と総括したとおりである。

今更、堺市長や松下幸之助が賛同したからといって、家康討死が事実にならないのは

いうまでもないが、徳川御三家の一つ水戸徳川家家老の子孫がこの墓碑再興の発起人であることが、この伝説に一定の信憑性を与えているのである。

　では、この三木啓次郎とはいかなる人物か。

　碑文にあるとおり、三木啓次郎は水戸徳川家の初代頼房、二代光圀に仕えた家老三木之次の子孫にあたる。之次は元々、家康の家臣であったが、之次の妻の妹が家康の十一男頼房の乳母であったことから、家康に命ぜられて頼房の家臣となり、頼房が水戸藩主となると、頼房から抜群の信頼を得て、之次は水戸藩大老となった。

　頼房は正室を置かず、子供も望まなかったため、側室が懐妊すると、「水にせよ」と命じたが、之次は頼房に内緒で、側室を自らの屋敷に匿《かくま》い出産させた。光圀もその一人で、光圀は之次の屋敷で密かに養育され、二代藩主となるにあたっても之次の貢献が大きかった。

　その之次の子孫啓次郎と松下電器産業（現、パナソニック）の創業者で「経営の神様」と呼ばれた松下幸之助が出会うのである。

　松下幸之助は和歌山の農家に生まれ、九歳で丁稚《でっち》奉公のため、大阪に出た。その後、大阪電灯（現、関西電力）の見習い工員を経て、大正七年に独立し松下電気器具製作所を設立した。資金力のない幸之助は四天王寺境内に戸板を敷いて自身製作の器具を販売した。ところがある日、幸之助にヤクザが因縁を付けた。その時偶然通りかかったのが啓次郎で、ヤクザたちを追い払い、幸之助を助けたのである。

幸之助は感謝するとともに、啓次郎に「これは私が作った二股ソケットで、自信作なのだが、資金がないため大量生産できず、こんなところで細々と商売している」と語った。水戸徳川家家老の子孫である啓次郎は水戸周辺にたくさんの地所を持っていた。幸之助の嘆きを聞いた啓次郎は、それらの土地を担保に金を借り、幸之助に提供したのである。お蔭で幸之助の事業は軌道に乗り、やがて「世界の松下」へと発展を遂げた。

幸之助は終生啓次郎の恩を忘れず、「世界の松下」になってからも、啓次郎は自由勝手に社長室、会長室に出入りし、幸之助は啓次郎の希望を何でも叶えた。

東京・浅草寺の雷門、四天王寺の極楽門を二人で寄進した。三木家で成長した徳川光圀を有名にしたいとの願いを聞き入れ、テレビ時代劇「水戸黄門」をナショナル劇場として、松下電器が一社で提供した。

南宗寺に徳川家康の墓を再興したいとの啓次郎の思いに幸之助が賛同し、資金を提供したのには、こうした背景があった。

二十三　平野郷

平野郷（大阪市平野区）は戦国時代には堺と並ぶ自治都市、商業都市として栄えた。周囲には環濠がめぐらされ、奈良街道、中高野街道、八尾街道、古市街道などが放射線状に延び、平野郷と大坂・奈良・高野山・住吉・堺・久宝寺・八尾などを結んだ。

イエズス会宣教師ルイス・フロイスは、一五八四年一月二十日付の書簡で、「堺の彼方、およそ一里半から二里の所に、周りを竹で囲み城のようにした立派な町があり、平野と呼ばれている。かつて尊師と共にキリシタンを訪ねるために堺から八尾に行く時に通過した所であり、ここにははなはだ裕福な人々が住んでいる」と記している。

平野郷は、もともとは杭全《くまた》庄といい、平安時代初頭の征夷大将軍として著名な坂上田村麻呂の子・広野麻呂が朝廷から賜ったと伝えられ、「平野」という地名は、「広野麻呂」の「広野」が訛《なま》ったものという。広野麻呂嫡系の子孫坂上家は「平野殿」と呼ばれ、平野郷の領主として君臨したが、行政実務は「七名家《しちみょうけ》（七苗家）」と総称される末吉、三上、土橋《つちはし》、成安《なりやす》、西村、辻葩《つじはな》、西脇という七つの分家が掌った。

「七名家」の筆頭が末吉家で、織豊期には兄・増久の東末吉家と、弟・利方の西末吉家に分かれ、豊臣秀吉は両家に諸国での商業活動を認めたが、東末吉家が陸運業を営んだのに対し、西末吉家は海運業を営み、両家の間で分業体制が確立していた。

慶長五年（一六〇〇）の関ヶ原合戦で徳川家康が勝利すると、利方は家康に「銀座」の設立を建言して許され、慶長六年には伏見、十一年には駿府に銀座が設けられ、十三年には伏見の銀座が京都に移転し、十七年には駿府の銀座が江戸に移された。

利方の跡を継いで西末吉家の当主となった吉康は銀座の頭役を務める一方、家康から渡航許可の朱印状を賜り、海外貿易（朱印船貿易）に積極的に乗り出した。

西末吉家には膨大な文書群が伝来するが、その中に、大坂冬の陣の際、慶長十九年十月二十六日付で発行された豊臣秀頼の黒印禁制がある。乱暴狼藉をはたらくこと、放火すること、勝手に竹木を伐り取ったり、軍資金（矢銭）を要求したりすることを禁じたもので、これを木札に写し取り、掲げることで、平野郷は豊臣方からの攻撃を免れることができた。

こうした禁制は相応の金銭（筆耕銭）を支払い発行してもらうのであるが、秀頼の禁制を受けた時点で、豊臣方に与したことを意味するので、豊臣方の攻撃は回避できるものの、逆に徳川方からは攻撃対象となることを覚悟しなければならなかった。それだけに禁制を求めるにあたっては、的確な状況分析が必要とされた。

ところが、西末吉家文書には、慶長十九年十月二十九日付の徳川家康朱印禁制と、慶長十九年付の徳川秀忠朱印禁制も伝来する。

これで、豊臣・徳川双方からの攻撃を回避でき、万全かというと、決してそういうことではなく、平野郷が双方から禁制を得たのには事情があった。

平野郷は大坂城のお膝元ともいうべき立地であったから、東末吉家の当主・増重（増久の子）らは、豊臣家に味方することを決め、十月二十六日付の秀頼禁制を得たが、一方で、西末吉家の当主吉康は徳川家康に召され、京都・二条城で十月二十九日付の家康禁制を賜り、大坂近辺の地理に精通していることから、大坂へ向かう徳川軍先鋒の案内人を命ぜられた。

これを知った豊臣方は吉康の本拠である平野郷に火を放ち、増重ら平野郷の年寄衆五名を大坂城に連れ去ったのである。

淀殿の叔父で、大坂城中において重きをなした織田有楽が、実は徳川方に内通していたため、有楽の計らいにより、増重らは二、三日抑留されただけで解放され、以降は増重も、吉康とともに徳川方に協力した。

結果として、吉康の判断に狂いはなく、翌年の大坂夏の陣で徳川方が勝利し、大坂城は落城して、豊臣家は滅んだ。

ところが、陣後、平野郷の支配・運営をめぐって増重と吉康の間に深刻な対立が生じ、吉康が平野郷の戦後復興に中心的な役割を果たしたのに対し、増重は大和国吉野郡下市村（奈良県吉野郡下市町）に逼塞《ひっそく》し、やるせない思いで、『みじかよの物がたり』と題した大坂の陣の記録をまとめた。

そこには大坂の陣の凄まじさ、酷さが、「住吉・天王寺・堺・平野、いづれも百ち年経る家々持ち伝えし、それぞれの人の数の宝、堂塔、宮寺までも、ことごとく焼き払はれ」「敵やらん、味方やらん、情けも知らぬ、荒々しき武士共に行き遭ひて、持ちたる物は奪はれ、男、女の隔てなく、老たるも、緑子も、目の当たりにて刺し殺し、或ひは親を失ひ、子を取られ、夫婦の仲も自づから離れ離れになりゆく事の哀れさ、所々に幾その数を知らず」と、激しい怒りを込めて記されている。

二十四　大野治長を脅す百姓

琵琶湖から流れ出た瀬田川は、途中で宇治川と名を変え、山城国（京都府）と摂津・河内（いずれも大阪府）両国との国境付近で桂川・木津川を併せ、一本の大河淀川となる。その淀川は、一津屋（大阪府摂津市）で神崎川を分岐し、毛馬《けま》（大阪市都島区）では長柄川（中津川とも。現在の新淀川のもとになった流路）を分岐して、三つに分かれ、いずれも最後は大坂湾に注ぎ込んだ。

三つの河川の間には広大な中洲が形成され、神崎川と長柄川の間のそれを「北中島」、長柄川と淀川（現在の大川）の間のそれを「南中島」と呼び、両方あわせて「中島」と総称された。慶長十九年（一六一四）の大坂冬の陣勃発に際し、この中島地域は豊臣方と徳川方とに分裂した。

大坂冬の陣は慶長十九年十二月二十二日に両軍の間で講和が成立し、翌年四月に夏の陣が勃発するまで、しばしの平和が訪れた。

その間、慶長二十年二月十七日付で大道村《だいどう》(大阪市東淀川区)の惣右衛門(宗右衛門)、国嶋《くにじま》(柴島。大阪市東淀川区)の大郎右衛門、福嶋村(大阪市福島区)の久左衛門、本庄村(大阪市北区)の甚兵衛、佃村《つくだ》(大阪市西淀川区)の長三郎ら中島地域の百姓二十三名が連署して大坂城中第一の実力者、大野治長に宛てた訴状の写が遺される(「沢田家文書」)。

大坂冬の陣勃発にあたり、この訴状に連署した大道村の惣右衛門らが大坂城に入り、籠城して戦ったのに対し、籠城せず徳川方に味方した連中がいると訴えたもので、訴状には以下の事実が記される。

(一) 大道村の太郎左衛門は徳川方の松平周防守(康重)殿の陣所に行き、中島地域の絵図を描いて手渡した上、徳川方が中島地域へ進攻する際の「案内者」を務め、渡河しやすい浅瀬の場所を教えて徳川方を中島地域に引き込んだ。その功績により、中島地域の家々が徳川方によって火をかけられ、すべて焼失したにもかかわらず、太郎左衛門の家だけが焼かれずに健在である。

(二) 国嶋の卯右衛門は徳川方の日比野半右衛門に馬を提供し、その上、有馬玄蕃(豊氏)

殿の陣所に赴いた。

㈢　福嶋村の藤次郎右衛門・善右衛門・助右衛門の三人は大坂城から銀子や鉄砲を受け取りながら、徳川方に付いた。

㈣　佃村の孫右衛門は日比野半右衛門・河路五兵衛の二人から荷物を預かった。また、片桐市正《いちのかみ》（且元）殿が大坂城を退去する際に舟を出して協力し、惣右衛門らが市正殿の家臣たちと交戦し殺害した際も、孫右衛門は佃村の人々を押し留め、出陣した者は処罰すると申し渡した。

㈤　本庄村の市兵衛も、大坂城から銀子・鉄砲を受け取りながら、徳川方に付いた。

これらの罪状を列挙した惣右衛門らは、彼らを重罪に処すよう秀頼様にお願いして欲しい、豊臣家を裏切り徳川方に味方した太郎左衛門らを絶対に中島地域に戻さぬよう秀頼様に伝えて欲しい、と治長に要望した。

惣右衛門らは太郎左衛門ら七名を「七人の庄屋」と呼び、彼らの代わりに自分たちを新たに「庄屋」に任命するよう要求した。認められないなら、惣右衛門らは中島地域を立ち退く、そうなれば太郎左衛門らが戻って来て、中島地域は徳川方に占拠されることになってしまうが、それでいいのか、と治長を脅したのである。

訴状をしたためた中心人物である惣右衛門と、いちばんの大罪人とされる太郎左衛門は同じ大道村の住人で、太郎左衛門が庄屋を務め、村いちばんの有力者であった。しかも沢田家の系図によると、太郎左衛門が沢田家本家の当主であるのに対し、惣右衛門は分家の当主で、惣右衛門は太郎左衛門の叔父であった。惣右衛門は大坂の陣を機に、本家太郎左衛門にとってかわろうと目論んだのである。

強気の駆け引きが功を奏し、惣右衛門らの要求が通って、彼らは新たにそれぞれの村落の庄屋に任じられた。これによって中島地域一帯は豊臣方となり、徳川方に与した太郎左衛門らは故郷に戻れぬ事態となった。

大阪城天守閣所蔵の「大坂夏の陣図屏風」の左隻には、大坂城落城後の惨状が克明に描かれている。その舞台がまさにこの中島地域なのである。「戦国のゲルニカ」とも称される光景は、華々しい戦国武将たちの合戦の裏側で、戦争に巻き込まれ、さまざまな暴力の犠牲となった無辜《むこ》の百姓や女性たちの姿を生々しく描き留めたものと高く評価される。

けれど、当時の百姓を侮ってはならない。

豊臣家直轄領の摂津・河内・和泉の百姓たちの多くは、ほんの少し前まで本願寺の門徒として、かの織田信長と互角にわたりあった人々である。彼らはとてもしたたかで、豊かな戦闘経験を有し、自ら進んで積極的に戦争にかかわり、自己の利益を追求した。豊臣家に味方した者も、徳川方に与した者も、その点に変わりはない。彼らは決して一方的な戦争被害者ではなかったのである。

二十五　豊臣家滅亡で終わらぬ夏の陣

大坂夏の陣は慶長二十年（一六一五）五月七日に大坂城が落城し、翌八日には豊臣秀頼と淀殿が自害して、徳川方の大勝利に終わった。

ところが、中島地域では、大坂城に入城して豊臣方として戦った惣右衛門らが「籠城組」と称して相変わらず実効支配し、勝ち組であるはずの徳川方に与した太郎左衛門らは帰村できない状態が続いていた。

「沢田家文書」には、こうした窮状を幕府に訴えた太郎左衛門の訴状の写が遺っている。対立する惣右衛門の非道を詰《なじ》ったもので、全九ヶ条に及ぶ長大な訴状であるが、その中から主要な条項の内容を紹介する。

(一)　去年（慶長十九年）大坂方が「御むほん」を起こしたとき、惣右衛門と談合を重ね、京・八幡《やわた》方面に立ち退くことに決まったが、いざ江口（大阪市東淀川区）の渡のところまで来ると、惣右衛門が急に、自分は退去しない、大坂城に籠城すると言い出した。それなら互いの分別次第で行動することにしよう、となって、太郎左衛門はそのまま舟に乗り、その日の裡《うち》に幕府知行地までたどりついた。ところが、大坂城に乗り込んだ惣右衛門は、大野修理（治長）殿に、太郎左衛門が裏切ったと訴え、太郎左衛門にかわって自分を庄屋にしてくれるのなら豊臣家のために忠節を尽くすと言い立て、結果、太郎左衛門にかわって惣右衛門が新たに庄屋に任じられ、太郎左衛門の家財道具などもすべて惣右衛門のものとなった。

(三) 大坂城に入って籠城することとなった惣右衛門は、大野修理殿から「丁場《ちょうば》」（担当区域）を与えられて、その「大将」を務め、「御ほうび」として銀子五百目、竹流し金一枚を受け取った。

(五) 去年十二月に両軍の間で講和が成立したが、それ以降も惣右衛門は大坂城に詰め、太郎左衛門らを中島地域に戻らせず、そればかりか、「秀頼様の御前」で太郎左衛門のことを悪し様《あざま》に中傷し、結果として、太郎左衛門は豊臣家から罪人とされてしまった。

(九) 中島地域の百姓が連署し大野修理殿に宛てて訴状を提出したが、これも惣右衛門による企てで、惣右衛門は籠城中、大坂城下に宿を借りており、そこに中島地域の人々を呼び出して連判させたものである。呼び出された全員が署名したわけではなく、同意せず村に帰った者もいる。連署した連中はもともと太郎左衛門ら「七人の庄屋」を憎んでいた者たちである。

こうした条々を列挙して、太郎左衛門は徳川の「御代」の到来を待ち望んでいたと言い、惣右衛門の「成敗」を願い、自分たちの帰村が叶うよう嘆願したのである。

徳川方に味方した者たちの窮状を見兼ねた幕府は、酒井忠世・土井利勝の年寄（老中）二人が連名で、大坂夏の陣の戦後処理にあたっていた年寄の安藤重信に書状を送り、太郎左衛門らが未だ幕府知行地に身を寄せ、中島地域に戻れずにいるので、早急に帰村できるように取り計らうよう伝えた。

これが豊臣家滅亡から七日後の慶長二十年五月十五日のことであるが、ことは簡単に進まなかったようで、酒井忠世・土井利勝・安藤重信は同年六月六日付で連署して将軍秀忠側近の本多正信に書状をしたため、中島地域の状況を伝え、秀忠の判断を仰ぎたいと願った。

冬の陣の際、太郎左衛門の協力により、神崎川を渡河して中島地域に進攻し、徳川家康から抜群の戦功を賞せられた松平康重も七月十日付で本多正信に手紙を送り、太郎左衛門は「御忠節申し上ぐる者」なので、なにとぞその言い分を聞いてやって欲しいと頼んだ。

しかし太郎左衛門の帰村はなかなか実現しなかった。

翌元和二年（一六一六）、中島地域に四万五千七百石の中島藩が成立し、稲葉紀通が藩主となった。その稲葉紀通に対し、同年九月十七日付で、酒井忠世の嫡子忠行が書状を送り、太郎左衛門は父・忠世も、忠行も、「別して目に懸け候者」なので、彼が帰村できるようはからってやって欲しい、と依頼した。十月一日付で稲葉紀通は酒井忠行に返書を送り、お手紙の趣旨を心得ましたので、ご安心ください、と伝えた。けれども、事態は一向に好転しなかった。

寛永元年（一六二四）九月、稲葉紀通は丹波国福知山に転封となり、中島地域は幕府直轄領となった。

太郎左衛門の帰村がいつ実現したのかは明らかでないが、寛永五年の時点で太郎左衛門は惣右衛門とともに大道村（大阪市東淀川区）の庄屋を務め、両人連名で文書を出している。

太郎左衛門という一人の百姓の帰村のため、酒井忠世・土井利勝ら幕府年寄が懸命に尽力し、本多正信や将軍徳川秀忠までが関与していることに驚かざるを得ないが、惣右衛門がそうした幕府権力に屈することなく、処罰もされず、自己の地位を守り切ったことにはさらに驚くしかない。

戦国の百姓は、かくもしたたかに、かくもたくましく生きたのである。

二十六　淀殿の墓

大阪随一の繁華街・梅田にほど近い北区太融寺町に、高野山真言宗の名刹・太融寺がある。弘仁十二年（八二一）に空海が開創し、当初は「宝樹院」と号したが、承和十年（八四三）に嵯峨天皇の皇子で、「河原左大臣」と呼ばれた源融《とおる》が八町四面を画して寺域とし、七堂伽藍を建立したことから、「融」の名に因んで「太融寺」の寺号を賜ったと伝える。

その太融寺境内の一画に「史跡　淀殿の墓」がある。どうして、この寺に大坂夏の陣で自害を遂げた淀殿の墓があるのか。事情は以下のとおりである。

鴫野《しぎの》村（現在の城東区鴫野ほか）は大坂城の北東に位置する。ここでは、慶長十九年（一六一四）十一月二十六日、大坂冬の陣最大の激戦といわれた鴫野・今福《いまふく》合戦が行われた。

鴫野村の西端、旧大和川（現在の寝屋川）と平野川（現在の第二寝屋川）の合流点に「弁天島」があり、その名のとおり、弁財天が祀られていた。「鴫野の弁天さん」と通称されたが、この神社には、弁財天のほか、稲荷・淀姫も祀られた。

維新後、大阪城は陸軍の大阪鎮台となっていたが、明治十年（一八七七）、大阪城に近接する弁天島も、陸軍用地として接収されることになり、当時の北野村（太融寺のある村落）の戸長・西尾孫四郎が神社を自宅に引き取ることを願い出、これが認められた。移設のため工事を始めると、境内の地中から古い甕《かめ》が見つかり、中には人骨が入っていた。

西尾は、弁天島が大阪城近傍に位置すること、神社の祭神の一つが淀姫であることから、この人骨を淀殿のものと解釈し、神社を自宅に移す際、人骨については太融寺境内に移して九層の石塔を建て、「淀殿の墓」としたのである（『大阪府全志』巻之二）。

けれど実際には、慶長二十年五月八日に大坂城山里曲輪の焼け残りの櫓で自害を遂げた淀殿・秀頼らの遺骸は発見されなかったし（イギリス平戸商館長「リチャード・コックス日記」一六一五年六月二十日条）、そもそも「淀姫」は淀殿と何ら関係はなく、肥前国一宮與《よ》止日女《どひめ》神社（佐賀市）の祭神で、奈良時代の『肥前国風土記』逸文や平安時代の『延喜式』神名帳にも記される古い神格である。水神として信仰され、応和年間（九六一～九六四）には山城国乙訓《おとくに》郡にも分霊が勧請されたと伝えられる（現在の京都市伏見区淀本町の與杼《よど》神社）。

したがって、「鳴野の弁天さん」から見つかった人骨を淀殿のそれとした西尾の解釈はまったくの誤りであったというしかない。

では淀殿の墓はないのだろうか。

京都市右京区鳴滝に三宝寺という日蓮宗の寺がある。寛永六年（一六二九）に、中正院日護上人に帰依した今出川宣季（経季）らが、同家の菩提寺として、上人を開基に建立した寺であるが、この境内に、総高百五センチの小さな笠塔婆があり、碑面には「嵩陽寺殿秀山大居士」「漏世院殿雲山智西大童子」「大虞院殿英岩大禅定尼」という三つの戒名が刻まれている。

「嵩陽寺殿…」が豊臣秀頼、「漏世院殿…」が秀頼と側室との間に生まれ、大坂夏の陣後に京都・六条河原で斬首された国松丸、そして「大虞院殿…」が淀殿である。

この供養塔を建てたのは今出川宣季の室古奈姫で、彼女は淀殿の妹常高院（初）の養女であった。

高野山奥の院にも秀頼と淀殿の墓がある。上杉家霊廟の近くで、他の戦国武将や大名たちの墓と違い、何の解説板・案内板もないが、総高三メートルの大きな五輪塔が二基仲良く並んで建っている。

右が淀殿の墓塔で、「大虞院殿英岩大禅定尼尊儀　慶長貳十年五月七日　御取次筑波山知足院」と刻まれ、左の秀頼の墓塔には「嵩陽寺殿秀山大居士尊儀　慶長貳十年五月七日　御取次筑波山知足院」と刻まれている。墓碑建立の主体である「施主」については何の記載もないが、墓塔建立を高野山に取り次いだのは、筑波山の知足院であったことがわかる。知足院（現在は筑波山大御堂）は坂東三十三ヶ所観音霊場第二十五番札所の名刹である。慶長十五年に住職を継いだ光誉は、徳川秀忠の乳母おにしの子で、秀忠の信頼厚く、江戸に別院が設けられ（のちの護持院）、光誉はふだんそこに住んだ。

これほどの知足院が高野山との取次を務め、幕府が謀叛人と位置付けた秀頼と淀殿のために、立派な墓塔を建立したのはいったい誰であろうか。

私は、淀殿の妹で秀忠の正室であった崇源院（江）の可能性が最も高いと考えるが、秀忠自身や、秀忠の長女で秀頼の正室であった千姫の可能性も捨てきれない。

現在、秀頼墓塔は火輪・風輪・空輪が崩落して地輪・水輪のみとなっているが、淀殿の方は火輪を半分欠きながらも、絶妙なバランスを維持して立っている。秀頼墓塔に寄り添い、懸命に立ち続けるその姿は、淀殿の生きざまと見事に重なる（左写真）。

淀殿（右）と秀頼の墓

第三章　戦《いくさ》のあと

二十七　豊臣秀頼の長男国松丸

慶長八年（一六〇三）七月二十八日、徳川秀忠の長女で、家康の孫にあたる千姫が大坂城の豊臣秀頼のもとに輿入れした。豊臣秀吉の遺言に基づく結婚で、当時秀頼は十一歳、千姫はわずか七歳であった。

千姫は慶長十七年に「びんそぎ」の儀を行なっている。男子の元服にあたる成人儀礼である。その様子を見た淀殿の侍女・お菊は、碁盤の上に立つ千姫の髪を、秀頼がたこうな刀を使って少し切り取った、と述懐している（『おきく物語』）。

これ以降、秀頼と千姫は本当の意味での夫婦となったが、結局二人の間に子供はできなかった。けれど、秀頼には側室との間に子供があった。

慶長二十年五月七日、大坂夏の陣最後の決戦で豊臣方は敗れ、大坂城が落城した。焼け残りの櫓に潜んでいた秀頼と淀殿が翌八日に自害して、豊臣家は滅亡する。

その四日後、若狭・小浜城主の京極忠高が秀頼の娘を探し出して捕えた。『駿府記』の慶長二十年五月十二日条には「今日秀頼御息女七歳、京極若狭守より尋ね出し、これを捕え註進」とある。娘はこのとき七歳だった。

幕府正史である「台徳院殿御実紀」には、「秀頼の妾成田氏（五兵衛助直女）の腹に設けしを。北方養ひ給ひしなり」とあるので、娘は秀頼の側室成田氏が生んだものの、その後は正室の千姫（北方）が育てたらしい。

そういう事情もあり、千姫が助命を嘆願し、それが容れられ、娘は「縁切寺」「駆込寺」として名高い鎌倉の東慶寺に入って尼となった。「天秀尼」と名乗り、のちには同寺二十世の住職となっている。天秀尼は正保二年（一六四五）二月七日に三十七歳の若さで亡くなった。

東慶寺には彼女が寛永十九年（一六四二）三月に造らせた雲版が残り、そこには「志は父秀頼嵩陽寺秀山菩提の為なり」との銘文が刻まれている。東慶寺の墓所には「當山二十世天秀泰大和尚」と刻まれた彼女の墓があり、「當山天秀和尚者　豊国神君之的子（嫡子）正二位右丞相　秀頼公之息女也」との銘文が誇らしげに記されている。

ところで、幕府は秀頼息女の捕縛により、秀頼に男子があるらしいことを知った。『駿府記』には続けて「秀頼男子これある由、内々聞こし召さるるにより、急ぎ尋ね出だすべきの由、所々触れらる」と記されている。探索は徳川方諸将にも命じられ、九日後の二十一日、秀頼の息子・国松丸が伏見で捕えられ、二十三日には京都・六条河原で処刑された。国松丸はこのとき八歳だったという。

「台徳院殿御実紀」の五月二十三日条に、「国松丸若州に養はれし時傅役《もりやく》たりし田中六左衛門かくと聞。板倉伊賀守勝重のもとへ訴出て同じく誅せらる」とあるので、国松丸が大坂城ではなく、若狭で育てられたことが知られる。

その間の事情を詳しく記すのは、『大坂陣山口休庵咄』である。山口休庵は秀頼の家臣で、大坂の陣後も生き長らえた。

それによると、正室千姫との間に子供のなかった秀頼が、女子ならともかく、側室との間に男子を儲けたということが幕府に知られては、どのような言いがかりをつけられるかもしれず、それを危惧した淀殿が、妹で若狭・小浜城主京極高次の正室となっていた初（常高院）に生まれたばかりの男子を預けることとしたらしい。

初は、京極家家臣「とき弥左衛門」の姉妹で後家になっていた女性に、「この子はさる高貴な方の子であるが、仔細があって当家で預かることになった。のちには世に出られることもあろうから、大切にお育てするように」と言い含め、その後家の養子とした。

国松丸は七歳まで「とき弥左衛門」の家で育てられたが、慶長十九年に大坂冬の陣が勃発する。既に初の夫・京極高次はこの世を去り、高次と側室との間に生まれた忠高が京極家当主となっていたが、万が一、秀頼の男子を預かっていることが幕府の知る所となれば、京極家はどんな罰を受けるかもしれないということになり、国松丸を小舟に乗せて張り付けにし、どこにでも流れ行けと、海に押し出した。このとき乳母の後家も御供をすると言ってきかないので、彼女も一緒に小舟に乗せられた。

ところが、冬の陣の和談のため、初が大坂城に入ることとなった。初は国松丸を捜させて、ようやく見つけ出し、長持の中に国松丸を潜ませ、「京極殿御道具」と書き付けて、無事大坂城内に入れることに成功した。このとき、乳母の後家と田中六左衛門が国松丸の供として一緒に城内に入った。

こうして国松丸は父秀頼や祖母淀殿と対面を果たし、冬の陣の講和成立後もそのまま大坂城に留まることとなった。新たに京極家の大津蔵屋敷で奉行を務める宗語という者の息子で十二、三歳の男児が小姓として国松丸に付けられることとなり、国松丸は大坂落城まで淀殿の部屋で祖母と共に過ごした。

いよいよ落城となったとき、淀殿が何とかして国松丸を脱出させたいと願ったので、国松丸は父・秀頼と最期の盃を交わし、乳母の後家、傅役の田中六左衛門、小姓である宗語の息子の三人に伴われて大坂城を出た。ところが、枚方（大阪府枚方市）まで来たところで、同所の抑えに布陣していた妻木頼忠の軍勢に出くわし、田中六左衛門は追い払われ、後家は同家家臣に捕えられた。国松丸は加賀藩主前田家の手で捕えられ、伏見に連行されたが、前田家ではまさかその幼児が秀頼の子とは知らず、腹痛を訴えたため、前田家の宿所となっていた伏見の材木屋に国松丸を預け置いた。

宗語の息子は青山忠俊隊に捕えられ、秀頼の息子・国松丸と一緒に大坂城を脱出したことなど、この間の事情を事細かに白状した。直ちに探索が始められ、まもなく材木屋が国松丸を連れて伏見奉行所に出頭した。早速、乳母の後家と対面させたところ、喜んだ国松丸が後家に抱きついたので、奉行所では、この幼児が秀頼の子に違いないと判断した。

国松丸の身柄は伏見奉行所から京都所司代・板倉勝重に引き渡され、国松丸の捕縛を知った田中六左衛門も所司代屋敷に自ら名乗り出て、二人が処刑された、というのである。

宗語の息子も同様に処刑されたが、乳母の後家は女の身ゆえ、助命された。

故・太閤側室の松の丸殿（京極竜子、寿芳院）は、自らの実家である京極家で育てられた国松丸が不憫《ふびん》でならず、国松丸の遺骸を引き取って自らが再興した京都・誓願寺に葬り、墓塔を建てて菩提を弔った。この国松丸の墓塔は、現在秀吉の眠る京都・東山の豊国廟の麓に移され、松の丸殿の墓塔と並んで立っている（上写真）。

松の丸殿（右）と国松丸の墓

二十八　豊臣秀頼の子供たち

一般には秀頼の子は国松丸と天秀尼の二人であったと考えられているが、幕府から捜索を命じられた大名の一人で、当時豊前・小倉城主であった細川忠興が、家臣に宛てた慶長二十年（一六一五）五月十五日付の手紙に、

「急度《きっと》申し遣わし候。秀頼様御子様御一人ハ十、御一人ハ七ツに御成り候。行方知れず候ニつき、諸国お尋ねの事ニ候」「急度とらへ上せ申すべき旨仰せ出され候」と記しており、幕府は秀頼に十歳と七歳の二人の男子があるという情報を得ていたことが知られる。

実際に捕えられた国松丸は八歳であったから、これを七歳の男子に該当すると考えると、国松丸にはさらに兄があったということになるが、残念ながら国松丸の兄に関する史料は確認できない。

けれども、国松丸に弟がいたという史料なら存在する。浄土宗の高僧の伝記を収録した『本朝高僧伝』と『続日本高僧伝』である。それら二つの史料には、求厭《ぐえん》という僧侶の伝記が収められている。

それらによると、求厭は「俗姓は豊臣、内大臣秀頼の第二子」であるという。彼は江戸・増上寺の僧であったが、非常に聡明で、説法がうまく、晩年には山城国伏見に隠棲して、元禄年間（一六八八〜一七〇四）の初めに八十歳で亡くなった。臨終に際し、彼は弟子たちに次のように語った。

「私はこれまで自らの出自を語ってこなかった。実は私は豊臣秀頼の次男である。兄国松丸は大坂落城直後に捕えられ、処刑された。私は江戸に隠れ、しばらくして増上寺の僧となったが、私は増上寺で常に亡くなった父秀頼の菩提を弔っていた。我が豊臣家を滅ぼした徳川を恨む気持ちは日々強くなるばかりであった。一時期大坂に住んだこともあるが、壮大な大坂城を見て、徳川を恨む気持ちはさらに深くなった。そして、伏見に隠棲してからは、荒れ果てた伏見城の跡を見て、またもや怒りがこみあげてきた。そんな気持ちになった時には、仏道の修行に励む身でありながらと、我が身を恥じたものである。晩年にいたってようやく、天下は一人の天下ではないと悟り、豊臣家の滅亡が、今の平和の礎《いしずえ》になったのだと思えるようになった。すると、長年のわだかまりが消え、すっきりとさわやかな気持ちになった。お前たちも今はまだ、いろいろな妄執《もうしゅう》を抱えていることであろう。しかし、いずれそうした妄執を捨て去り、悟りの境地に到らねばならない」

求厭の告白が事実であったなら、まことにうまいところに隠れたものである。幕府もまさか、秀頼の遺児が家康の菩提寺増上寺の僧になっていようとは考えもしなかったに違いない。

二十九　淀殿の弟

豊臣秀吉の側室で、秀頼の生母である淀殿は、江北の戦国大名・浅井長政と織田信長の妹お市の間に生まれた長女で、幼名を「茶々」といった。妹に若狭・小浜城主京極高次の正室「初」（常高院）、徳川幕府の二代将軍秀忠の正室「江」（小督《おごう》、崇源院）がいた。徳川幕府編纂の『寛政重修諸家譜』によれば、この三姉妹には兄・万福丸、弟・万寿丸がいたとされる。

兄で長政嫡男の万福丸は、天正元年（一五七三）八月二十七日に浅井家の本城・小谷城が落城した際、城を出て余呉湖のほとりで匿《かくま》われたが、織田軍の探索によって発見され、関ヶ原で磔《はりつけ》の刑に処された（『信長公記』）。

弟・万寿丸も、小谷落城の際、身を隠したが、幸い命を奪われることなく、仏門に入り、「正芸」と名乗って、近江国坂田郡長沢村（滋賀県米原市長沢）の福田寺住職になったと伝えられる。福田寺は湖北十ヶ寺に数えられる浄土真宗本願寺派の有力寺院で、「長沢御坊」と通称される。

『寛政重修諸家譜』にはその名がないが、大坂の陣に豊臣方として参戦した浅井周防守も三姉妹の弟だった。

徳川幕府の正史「台徳院殿御実紀」の元和元年（＝慶長二十年、一六一五）七月条には「浅井備前守長政が庶子と聞えし周防守政堅。樋口淡路守。大角與五左衛門。佐々孫助等は板倉伊賀守勝重につきて。恩免をこふといへども。彼等不臣の挙動御けしきにかなはざりし故にや。遂にゆるされず。洛下に漂泊して世を終りしとぞ」と記し、『武徳編年集成』八十八巻には「浅井周防守政賢ハ、備前守長政ノ落胤ニシテ、淀殿幷関東　大御台所ノ連枝ナレトモ、大坂落去ノ後恩許ノ御沙汰ナクシテ、京極忠高領内若州小浜ニ蟄居シ、剃髪シテ作庵ト号ス」とある。京極家の「御家覚書」にも、「浅井作庵様は常高院様御弟にて童名喜六と申候、秀頼卿え御奉公大坂城え御籠なされ、浅井備前守と申候、落城後若州え御出なされ、御剃髪作庵様と申候、夫より雲州、館野（龍野）えも御出なされ丸亀にて御卒去」と記される。

「御家覚書」によれば、彼は幼名を「喜六」といったらしいが、長じて「喜八郎」と名乗り、諱《いみな》を「井頼」といった。のち「周防守」を称している。

大和大納言豊臣秀長に仕えて六百石を領し、秀長の養子秀保にも仕えたが、秀保没後はいったん浪人したのち、新たに大和郡山城主となった増田長盛に仕え、三千石を得た（『武家事紀』）。関ヶ原合戦後、増田家が改易となると、再び浪人となり、やがて讃岐国主生駒一正に召し抱えられ、同家重臣となった。この時期彼が金毘羅別当金光院に送った寄進状が三通、金刀比羅宮文書に現存するが、その署名は「浅井喜八郎井頼」が一通で、他の二通は「浅井周防守井頼」となっている。

生駒一正は慶長十五年三月十八日に亡くなり、嫡男の正俊が家督を継いだが、井頼はこの主君と不和となって浪人し、慶長十八年に土佐国主山内忠義に召し抱えられた。けれど、旧主正俊から奉公構えが入ったため、山内家を辞し、翌年大坂冬の陣勃発に際して、大坂入城を果たしたのである。

徳川家康側近が記した『駿府記』慶長十九年十月十四日条は真田幸村・根来衆《ねごろしゅう》らの大坂入城とともに浅井周防守の入城を書き留めているが、浅井周防守については、「浅井周防守、是は御母儀縁者」と説明している。

後藤又兵衛に近侍した長沢九郎兵衛の「長沢聞書」には、「大坂衆騎馬百騎より上を扶持致し候衆」として、「大野修理、同主馬、真田左衛門佐、長曾我部、明石掃部、仙石豊前守、森（毛利）豊前守、木村長門、浅井周防守、後藤又兵衛」という十名を挙げているので、浅井周防守は大坂城中で重きをなしたらしい。

慶長二十年五月七日の大坂夏の陣最後の決戦では、毛利勝永（吉政）隊の左先頭を務め、大坂落城後も命は長らえたが、「台徳院殿御実紀」や『武徳編年集成』「御家覚書」にあったように、幕府から赦免はされず、京都周辺を漂泊したのち、姉初（常高院）のいる若狭・小浜の京極家に身を寄せ、剃髪して「作庵」を称した。

初は子供に恵まれず、夫高次と側室との間に生まれた忠高が京極家の家督を継いだ。その忠高に宛てて、初は「かきおきの事」と題する遺言状を残している。その九条目は「さくあん事」で、「何のお役にも立たず、ご心配ばかりおかけしましたのに、お見捨てなく、過分の知行を与えてくださったこと、我が身への合力と存じております。これから先も、不肖の者ではありますが、今迄どおり、お目をかけていただきたく頼み入ります」と記し、自身亡き後の弟作庵の処遇を懇願した。

京極家はその後、松江、龍野、さらに丸亀へ転封となり、作庵は寛文元年（一六六一）

五月十六日に丸亀で亡くなった。作庵の子孫は丸亀藩士「浅井家」として明治維新を迎え、浅井長政の家系をこんにちに伝えた。

三十　豊臣秀頼の肥後落ち

豊臣秀頼は大坂夏の陣で亡くならず、無事大坂城を脱出して薩摩（鹿児島県）に落ち延び、島津家の庇護のもと天寿を全うしたという説がある。一般に「豊臣秀頼の薩摩落ち」と呼ばれる伝説で、鹿児島市谷山中央には、秀頼の墓と伝えられる石塔が残る。

この話は陣後まもなく語られ始め（イギリス平戸商館長「リチャード・コックス日記」）、当時京都では「花のよふなる秀頼様を　鬼のよふなる真田が連れて　退《の》きも退いたよ加護嶋へ」という俗謡が流行したと伝えられる（『真武内伝《しんぶないでん》追加』）。ところが、薩摩ではなく、秀頼は肥後（熊本県）に落ちたという話がある。

熊本市西区島崎の霊樹院跡墓所に霊樹院殿の墓塔がある。五輪塔で、地輪正面に「霊樹院殿性溪宗晃大姉　延宝元歳癸丑九月十五日」と刻まれる。霊樹院殿は、熊本藩主細川家家老有吉将監英貴の室で、墓碑銘に記されるとおり、延宝元年（一六七三）に亡くなり、菩提寺として彼女の法号を付けた霊樹院が営まれたが、同院は明治維新後廃寺となった。

ところで、この霊樹院殿の墓碑の脇には石水会によって解説板が建てられ、そこには「霊樹姫の墓　霊樹姫、本名は『こや』、豊臣秀頼の娘で長岡伊賀守の養女となって居たが、後、肥後藩の家老有吉将監英貴の室となった。延宝元年歿。石水会」と記される。

この秀頼の娘こやについて、『豊臣秀頼』の編著者・井上安代氏を通じて有吉家に確認したところ、次のような家伝をご紹介いただいた。

大坂夏の陣の際、豊臣秀頼は無事大坂城を脱出し、加藤忠広を頼って肥後に落ち、「菊丸自斎《きくまるじさい》」と称して隠遁生活を送っていたが、ここで一人の女子を儲けた。「古屋《こや》」と名付けられたその娘は、加藤家改易ののち、新たに肥後の領主となった細川家の家老・長岡伊賀守の養女となり、ついで元和九年（一六二三）十月に細川家の先代当主・三斎忠興の養女となって、名も「主姫」と改めて、同家家老・有吉将監英貴の室となり、延宝元年九月十五日に七十歳でこの世を去った。

この家伝は有吉家十代当主が書き留めた「代々覚」に記されていたが、この史料は既に焼失し、現存しない、とのことであった。

しかし、この有吉家家伝は以下の二点で矛盾する。

(一)「古屋」は、加藤家改易後、長岡伊賀守の養女となり、さらに元和九年(一六二三)十月に細川三斎の養女となったというが、加藤家改易は寛永九年(一六三二)のことである。

(二)「古屋」は大坂夏の陣後、秀頼が薩摩に落ちてから誕生したというのに、延宝元年に七十歳で亡くなったということは、古屋は大坂冬の陣より十年前の慶長九年(一六〇四)の生まれということになる。

ところで、有吉家家伝に登場した「菊丸自斎」であるが、この名前は『遺老物語』が引く「老談一言記」に出て来る。

大坂夏の陣最後の決戦で豊臣方の敗北が決定的になり、秀頼の近臣たちは何とかして秀頼を脱出させる方法はないかと話し合い、結果、今は徳川方となっている織田有楽を頼むこととした。

有楽はこの申し出を承知し、秀頼は茨木弾正、直森与一兵衛、米田喜八郎らとともに有楽の陣に行き、陣営背後の堀川から大坂湾の川口に出て、かねてから申し合わせて待機していた加藤忠広の船に乗り込んだ。万が一のことを想定して船底は二重にしてあり、秀頼はその底に潜んだ。途中で福島正則の用意した船に乗り換え、無事肥後に到着した。

肥後に着いた秀頼は「菊丸自斎」と称して山里に引き籠り、茨木弾正ら近臣も皆、名を改めた。しばらくして京都にいた直森の妹を肥後に呼び寄せ、秀頼の妾とし、女子一人、男子一人が生まれた。姉は「お辰殿」、弟は「菊丸殿」といった。

加藤家改易の後、細川家が肥後を賜り、同家家老・有吉四郎右衛門が姉お辰殿を側室とし、のちに有吉家を継承する四郎右衛門が生まれた。弟の菊丸殿は島津家家臣・伊集院式部が薩摩に迎えて伊集院家の養子とし、のちに伊集院家を継いで「伊集院式部」を名乗った。茨木弾正も菊丸殿に付いて薩摩に行き、苗字を「平田」と改めた。直森も「末森」と改めた。菊丸自斎こと豊臣秀頼は肥後で八十余歳の天寿を全うした。

「古屋」と「お辰殿」という名前の違いはあるが、お辰殿が嫁いだ有吉四郎右衛門は有吉将監英貴であり、有吉家家伝とこの「老談一言記」が伝える話は基本的に同じと考えてよい。

これによると、秀頼自身は肥後に落ちたものの、結局は秀頼と直森与一兵衛の妹との間に生まれた男児が薩摩に赴く話になっており、「肥後落ち」は「薩摩落ち」伝説の一つのバリエーションと考えられる。

三十一　豊前・豊後の後藤又兵衛生存伝説

慶長二十年（一六一五）五月六日、大坂夏の陣道明寺合戦で、後藤又兵衛は討死を遂げた。けれども、又兵衛はその後も生存したとする伝承が各地に残される。その一つが九州の大分県である。

豊後国竹田（大分県竹田市）は中川家の城下町で、ここで同家の家臣が後藤又兵衛に出会ったという目撃談が伝えられる（『先公実録』）。

その藩士は後藤又兵衛とは旧友であったが、大坂の陣で中川家は徳川方に与し、又兵衛は豊臣方として大坂城に入ったので、二人の関係は途絶えた。

大坂の陣後、藩士が城下の長町を歩いていた折、何気なく見上げたところ、町家の二階に又兵衛らしき顔があった。目が合い、手招きするので、上がってみると、果たしてそこにいたのは又兵衛で、こう語った。

「巷《ちまた》ではこの又兵衛が道明寺合戦の折、伊達隊の鉄砲で撃ち殺されたと言われているが、あれは我が郎党で、『贋首《にせくび》』にすぎない。真田幸村、長宗我部盛親も同じように『贋首』で徳川方を欺き、豊臣秀頼公を再び世に出すべく、各地に潜んでいる。豊臣方の大将で、ほんとうに討死を遂げたのは木村重成ただ一人で、それ以外は皆生きている。しかし、ここで貴殿に再会したのはまさに天命で、又兵衛の運が尽きたということであろう。さあ、私を捕えて、幕府に突き出すがよい。名もなき者に捕えられるのではなく、旧知の間柄である貴殿の手柄になるのであれば、生き長らえたことも無駄ではなかった」と。

これを聞いた藩士は、顔を朱に染め、「又兵衛殿と私とは竹馬の友である。その友を売って、手柄とするような人物とお思いか。残念至極である。戦場で出会ったのであれば、兄弟であっても容赦はしない。しかし、窮鳥懐に入るに等しい今の貴殿をどうして私が捕えようか。私にできることがあれば何なりと言って欲しい」と告げた。

すると又兵衛はたいそう感激し、「貴殿がそうした人物であることは重々承知している。けれど、落人の身である僻《ひが》みから、つい口にしてしまった。どうか許して欲しい。このように人目を忍んで日々を送っているため、さすがに貯えが尽きてきた」と嘆いた。

藩士は了解し、「今は持ち合わせがなく、帰宅して金子を調え、明朝に持参するので、それまでここで待っていて欲しい」と伝えた。

ところが明朝、藩士が十両を持って訪ねると、又兵衛は夜中の裡《うち》に姿を消し、行方知れずとなっていたのである。

藩士は又兵衛が自分を信用しなかったことを嘆き、「又兵衛がこれほどの『たわけ者』とは知らなかった。この程度の奴を年来の親友としてきたとは我ながら情けない」と、大いに悔しがったというのである。

江戸時代後期の儒者・詩人として知られる菅茶山《かんちゃざん》は、随筆『筆のすさび』に、「後藤又兵衛戦死すといふ。偽にて潜に落ち失せて、豊後日田の近側山中村に住す」と記す。又兵衛は山中村でとくにすることもなく長い年月を過ごしたが、ある日、遠方に行く暇《いとま》乞《ご》いだといって村中の人々を集め、酒などを振舞い、村人たちが帰ったあと、切腹して果てたといい、「大なる墓今尚その村の山中にあるよし」と記す。

けれど『豊前志』は、『筆のすさび』が日田（大分県日田市）の近くとする「山中村」は山中の村を「山中村」という村名と勘違いしたもので、「豊後」も豊前を誤ったものであるとし、又兵衛の墓があるのは、正しくは豊前国金吉《かなよし》村伊福《いふく》であると記す。

墓碑銘によると、この墓の主は法名「義刃智光居士」という人物で、名を「又兵衛」

といった。どこの人かはわからないが、この村に来て三年間住んだ。志気に満ち、武徳を備えた高潔な人物で、眼光鋭く、大名諸侯が蟄居しているような佇《たたず》まいであった。承応三年（一六五四）正月二十九日夜に自害を遂げた。当時の墓が古くなり、欠損も目立つようになったので、現在のものは宝暦十三年（一七六三）六月にこの地の「伊福茂助」が再建したものである、という。

『豊前志』はこの「又兵衛」は「後藤又兵衛」に違いないとする。後藤又兵衛は旧主家黒田家が中津藩主だった際に、金吉村出身の女性を「妾」にしており、その縁で、大坂夏の陣後、彼女の家を頼って身を寄せたのであろうと推測する。けれど、身を隠し、再起を図っていた豊臣秀頼が亡くなったとの報せが届き、又兵衛は、もはや生きていても仕方がないと思い、涙を流しつつ、秀頼から賜った感状などを火にくべ、自殺を遂げたというのである。

大分県中津市耶馬溪町大字金吉の伊福集落に又兵衛の墓があり、中津市指定の史跡になっている。耶馬溪の雄大な景色を背景に建つこの立派な墓の主は果たして誰なのであろうか。

三十二　木村重成の末裔

木村重成は、豊臣秀頼の乳母宮内卿局の子で、「無双の美男」「和国随一の美男」（『難波戦記大全』）、「美男第一」（『元和老花軍記』）と伝えられる。

秀頼とは乳兄弟の間柄で、慶長十九年（一六一四）十一月二十六日の大坂冬の陣・今福合戦が重成の初陣となったが、佐竹義宣隊相手に重成は苦戦を強いられた。大坂城の菱櫓からその様子を遠望していた秀頼は、「木村討たすな、加勢せよ」と命じ、後藤又兵衛が大坂城を出陣して援軍に駆けつけた（『台徳院殿御実紀』）。

冬の陣はその後、十二月四日の真田丸攻防戦における豊臣方の大勝利を経て、十二月二十二日には両軍の間で和議が調った。

講和に際し、豊臣方からは重成が茶臼山の徳川家康本陣に赴き、家康の誓紙をとったといわれ、誓紙に捺された家康の血判が薄いのを見て重成は承知せず、徳川方諸将が居並ぶ中、堂々と家康に捺し直しを要求し、敵味方から絶賛されたとされる（『見聞記』）。

翌年の夏の陣では、五月六日の若江合戦で、井伊直孝隊と激突し、大奮戦の末、首を取られた。重成の兜首は家康の実検にかけられたが、こうなることを予め覚悟していた重成が兜に名香を焚き込めていたので、あたりにはまことにかぐわしい香りが漂った。家康は、「その世倅《せがれ》、いつのまにさやうには心付きたると仰せられて、御ほめなされたる」（『武者物語』）、「若輩なりける木村の斯くの如きの行跡、希代の勇士なるを、不便《ふびん》（不憫）なる次第かな」（『難波戦記』）と、重成の行為を褒め、その死を惜しんだと伝えられる。

武士たるものの心得を記したことで著名な『葉隠』も、「木村長門守、長髪に香を留め討ち死に仕られ候。武士は嗜《たしな》み深く有るべき事也」と、重成の行いを絶賛した。

重成の首は、彼を討ち取った井伊家家臣・安藤長三郎重勝によって彦根に運ばれ、宗安寺（滋賀県彦根市本町）の安藤家墓所に丁重に葬られ、墓碑が建てられた。また、重成が最期を遂げた若江古戦場には、重勝の子孫が宝暦十四年（一七六四）に墓碑を建立している（大阪府八尾市幸町）。

ところで、重成討死の時点で懐妊していた重成の室が、陣後に男児を出産したという話が伝えられる。

重成の室は淀殿の乳母・大蔵卿局の姪で、名を「青柳」といった。夫重成は五月六日に討死し、翌七日には大坂城が落城した。青柳は混乱の中、姑の宮内卿局ともはぐれてしまい、いちどは自害を考えたものの、夫のためにも何とか子供を産まねばと思い直し、縁を頼って近江国蒲生郡の馬淵の里（滋賀県近江八幡市馬淵町）に落ち延びた。

庄屋の馬淵某の屋敷に身を寄せ、詮無い日々を過ごしたが、やがて日が満ち、男児を生んだ。

思い残すこともなくなった青柳は黒髪を切り、尼となって、亡き夫の菩提を弔う日々を過ごした。一周忌には、ふだんにもまして懇《ねんご》ろに回向《えこう》をつとめ、その青柳の姿に周囲の人々も深く感じ入ったが、その日の夜、誰にも告げず持仏堂に入った青柳は、心静かに自害を遂げたというのである。

馬淵某は、青柳の志を憐み、重成の遺児を引き取って育て上げ、自らの娘を娶《めあわ》せて家を継がせた。馬淵源左衛門と称し、子孫が代々同所の庄屋を務めたと伝えられる（『浪速全書』）。

一方で、重成の室は家臣に護られて薩摩を目指したが、途中で産気づき、出産したとも伝えられる。生まれた子は幼名を千代丸、長じて木村重基を名乗ったが、幕府を憚り、名を「小林義右衛門」と改め、さらに「小林喜左衛門」と改めたという。

この初代小林義右衛門こと木村重基の墓が、福岡県飯塚市・西町墓地の小林家墓所にある。墓碑銘によると、重基は慶安三年（一六五〇）八月二十七日に亡くなり、この墓碑は十二世の小林義右衛門が二百回忌にあたる嘉永二年（一八四九）に再建したもので、隣には明暦二年（一六五六）十月十五日に亡くなった重基の家臣・伊藤七兵衛の墓も建つ。この墓も七兵衛の二百回忌にあたる安政二年（一八五五）に再建されたものである。

小林家墓所には歴代の墓碑がずらりと並ぶが、戦前まで同家は「森崎屋」という造り酒屋を営んだ。初代の墓碑を再建した十二世は木村重成末裔を公言し、坂本龍馬、中岡慎太郎といった志士たちが多数同家を訪れた。

明治に入り、同家は「木村」に復姓した。十六世の木村重吉は、大下弘、中西太、豊田泰光、稲尾和久らを擁し、「野武士軍団」と呼ばれて一世を風靡した西鉄ライオンズ全盛期の球団社長で、その甥はニュースキャスターとして著名な木村太郎氏である。

三十三　真田幸村の娘　その㈠――お梅とあぐり

大坂夏の陣の後、真田幸村の娘お梅が、仙台藩主伊達政宗の家老で白石《しろいし》城主の片倉重綱（のち重長）の後室となった。

徳川幕府にとっては大坂の陣のA級戦犯ともいうべき幸村の娘がなぜ伊達家重臣の正室となったのか。その経緯を記す史料がいくつかある。

㈠　まずは、大坂夏の陣で乱取、すなわち「戦利品」として白石に連れ帰ったとするものである。

伊達家家臣の系譜集である『伊達世臣家譜』は、「元和初、真田左衛門佐幸長（幸村）、豊臣秀頼のため大阪城に戦う。是時片倉小十郎重綱、幸村女を虜《いけど》り以て還る」と記す。『片倉代々記』も、この説をとり、「二代重長譜」に「後に真田左衛門佐幸村女を妻とす。是れ大坂落城の時これを得、帰りて侍女とす。誰の女なるかしらず。先妻死後、幸村の女なる事を知りて後妻とす。真田家臣慕い来たりて謁見し終に家士となれり。三井奉膳等是れ也」とある。片倉重綱は当初、連れ帰った女が誰の娘かは知らず、侍女としていたが、のちに幸村の娘とわかったので、先妻亡き後、後妻にしたというのである。

ほかに、幸村の兄信之（信幸）の子孫である松代藩主真田家の正史『先公実録』が引く「白川家留書」もこの説で、「左衛門様御息女を、政宗殿家来片倉小十郎乱取にいたし、妻に仕候」と記している。

(二)

これに対し、同じ『先公実録』が引く「古前島助之進覚書」は「松平陸奥守様（伊達政宗）御家老片倉小十郎内方は、真田左衛門佐様御娘にて、大坂御陣以後、滝川三九郎様より片倉方え遣はされ候。右之儀、公儀へ相しれ候に付、御詮議これあり。三九郎様御知行召上げられ、御浪人成され、京都へお越し候。右三九郎様御内方様は、安房守様（真田昌幸）御娘にて、片倉内方は御姪にて御座候」と記す。

滝川三九郎一積《かずあつ》は、織田信長の重臣滝川一益の孫にあたる。滝川一益は、天正十年（一五八二）武田氏が滅ぶと、主君信長から命ぜられて関東管領となり、真田昌幸はその麾下に属した。そうした誼《よしみ》から、昌幸の娘（信之・幸村兄弟の姉妹）が三九郎の正室となっていた。大坂夏の陣後、三九郎は妻の姪にあたるお梅を重綱に嫁がせた。しかし、それが露見して、三九郎は知行を召し上げられ、浪人になったというのである。

㈢

第三の説は、真田幸村が片倉重綱を見込んで娘お梅を託したとするもので、これを語るのは『老翁聞書』である。

「大坂落城のみぎり、城中より年の程十六、七ばかりの容顔美麗なる女性、白綾の鉢巻し、白柄の長刀を杖つきて、重綱公の陣先へ出しけり。重綱公、これをつれ帰りたまいて後室とす。誰人の息女たることを語らず。その所行凡ならず。されば太閤様の御息女にもあらんかと、とりどりの沙汰なり。後、その家来の者尋ね来たりて、臣下となる。真田左衛門佐幸村の息女とす」とあり、その後に続けて、お梅が重綱の陣所に現れたのは偶然ではなく、真田幸村が名将の誉れ高い重綱を見込んで、落城の際は重綱の陣所に赴くようお梅に「申し置」いたからではないかと片倉家中で噂し合った、と記すのである。

これによると、真田幸村が片倉重綱にお梅を託したという点は、あくまで片倉家中の推測にすぎないから、話の中核は㈠の異説であり、㈢は㈠に含めるべきであろう。そして㈡は伊予松山城主蒲生忠知の家老蒲生郷喜の子息に嫁いだあぐりとお梅を混同したものである。

徳川幕府の正史である「大猷院殿御実紀」の寛永九年（一六三二）七月十一日条に、蒲生忠知家中で起こった騒動の顚末が記される。

福西吉左衛門は蒲生源左衛門郷喜と並ぶ重臣であったが、主君忠知が郷喜ばかりを重用するのをねたみ、郷喜は「御敵たりし真田左衛門幸村が女を子の妻」にしていると訴え出た。郷喜は「真田が女を子の妻とせるは、使番滝川三九郎一積が女と心得たり。更に幸村が子たる事をしらず」と答え、滝川三九郎も糾問されたが、「幸村が縁の身なれば、かの妻子飢餓をみるに忍びず、その時の執政本多上野介正純に請しに、女子の事ははばかるべからず、心のままに養育すべしとゆるされて、養育せしなり」と返答した。三九郎があぐりとその母を養うことについては幕府も了承したはず、と主張したのである。けれども、三九郎の言い分は認められず、五日後の七月十六日、三九郎は所領を召し上げられ、江戸追放となったのである。

三十四　真田幸村の娘　その(二)――お菖蒲と大八

大坂夏の陣で仙台藩主伊達政宗隊の先鋒を務めた白石城主の片倉重綱（のち重長）は、真田幸村の娘お梅を連れ帰り、のちに後室とした。

しかし、白石の人となった幸村の子はお梅だけではなかった。お梅の妹お菖蒲もその一人である。

伊達家家臣の家譜を収めた『伊達世臣家譜』には「真田左衛門尉幸村の長女、重長に嫁す。次女、定広に嫁す」と記される。

真田幸村には、お梅の上に、堀田作兵衛の妹との間に生まれた「すへ」や九度山で亡くなった「お市」、蒲生郷喜の子息に嫁いだ「あぐり」などがあったので、お梅は幸村の「長女」ではなかった。『伊達世臣家譜』は姉・妹という意味で「長女」「次女」と書いたに過ぎない。

お菖蒲が嫁いだ「定広」とは田村定広である。田村家は奥州三春城主を世襲した名族で、伊達政宗の正室愛姫《めごひめ》は田村清顕の娘である。清顕没後は、清顕の弟氏顕の子宗顕(のち定顕)が清顕の養子となって田村家家督を継いだ。天正十八年(一五九〇)、伊達政宗は小田原攻めの陣中に豊臣秀吉を訪ねて臣従を誓い、伊達家存続を許されたが、田村宗顕は小田原に赴かず、秀吉の逆鱗に触れて改易となった。宗顕は家名を「田村」から「牛縊《うしくびり》」に改めて蟄居したが、定広はこの宗顕の嫡男である。実家の逼塞《ひっそく》を哀れに思った愛姫は、重綱の父片倉景綱に頼み、定広には白石城下に屋敷が与えられた。そして、景綱の異父姉で、政宗の乳母であった喜多の名跡と所領が与えられ、定広は「片倉金兵衛」と称し、重綱とは別の片倉家当主となった。

宮城県白石市の田村家墓所には、定広・お菖蒲の墓の傍らに幸村の墓が建つ。お菖蒲が建てた父幸村の供養塔である。

幸村には男児もいた。

嫡男大助は父幸村とともに大坂夏の陣最後の決戦に出陣したが、父幸村から豊臣秀頼に出陣を促すよう命じられて大坂城に戻った。結局秀頼は出陣の機会を逸し、大助は大坂城内で秀頼・淀殿に殉じた。

幸村にはこのほか大八という次男があったが、幸村の兄信之（信幸）の子孫である松代藩主真田家の正史『先公実録』に「京にて五月五日印地打《いんじうち》ニ而御遠行なされ候」「五月五日、京都に於いて印地打なされ、御死去候」とある。印地打とは端午の節句に行われる年中行事で、子供たちが二手に分かれて行う石合戦のことである。幸村の次男大八は不幸にもこの石合戦で石に当たり夭逝したというのである。

ところが、「滋野姓　海野氏・真田氏略系」には、真田昌幸の弟で幕府旗本となった信尹の子に政信という人物があり、その政信の項に「幸村公の二男大八君なる者は即ち片倉沖允《おきのじょう》守信君也。大坂落城の時、伊達家の先鋒白石の館主片倉家の陣に投ず。片倉氏、幸村公の遺嘱を受、子女五人を居城白石に護送し隠匿せしむ。大八君、成長して片倉久米介と名乗」るとあり、それに続けて、大八が印地打で夭逝したというのは幕府を欺くための嘘で、政信に後継者がなく信尹の家系が断絶となっていたため、大八を政信の子と偽り、重綱の家臣にして「片倉久米介守信」を称させたと記す。

さらに「守信」の項によると、守信は「片倉久米介」から「片倉四郎兵衛」に名乗りを改め、寛永十七年（一六四〇）には仙台二代藩主伊達忠宗に召し出され、三百石を賜り、仙台藩士に列したという。そして守信の跡を継いだ辰信の代に「正徳二年（一七一二）二月既に将軍家を憚《はばか》るに及ばざるの命あり。同四月本姓真田に復し、沖允と称す」とある。仙台藩士真田家の成立である。同家は幸村の血脈を伝える家系ということになるが、問題はその根拠である同家伝来の「滋野姓　海野氏・真田氏略系」が明治十五、十六年頃に書かれた新しい系図に過ぎないという点にある。

ところで、『先公実録』が引く「古前島助之進覚書」「白川家留書」にはいずれも、松代藩三代藩主真田幸道が、江戸の伊達家上屋敷に招かれた際、伊達家家臣に六文銭の家紋を付けた者がいるので、姓名を尋ねたところ、「片倉沖之進」と名乗ったという話が記されている。これは「片倉沖允」、すなわち真田姓に復する前の辰信のことであろう。『先公実録』はこの話を「左衛門佐君伝記稿」の「子息」の項に収めているので、『先公実録』を編纂した松代藩主真田家でも仙台真田家を幸村の子孫と考えていたことが知られる。

大八（守信）の墓は白石市の当信寺境内に姉お梅の墓と仲良く並んで建っている。

三十五　真田幸村の娘　その㈢——お田とその子孫

出羽・亀田藩二万石の藩主岩城家は、平将門の乱を鎮圧したことで著名な平貞盛の末裔と伝えられる名族で、前九年の役の戦功により陸奥国の岩城地方（現在の福島県）を与えられ、以来、一貫して同地方を治めた。

戦国時代には好間《よしま》（福島県いわき市）の大館を本拠としたが、岩城常隆の代に勢力を伸張する伊達政宗に対抗するため、常陸の佐竹義重と結び、義重の三男が常隆の養嗣子となって岩城貞隆を称した。

常隆が、天正十八年（一五九〇）小田原攻めの陣中に豊臣秀吉を訪ねた帰途に病没したため、岩城十二万石は貞隆に安堵された。慶長五年（一六〇〇）関ヶ原合戦の際には、岩城貞隆は兄佐竹義宣とともに西軍に与し、戦後、義宣が減封の上、秋田に転封となったのに対し、貞隆は改易となった。

その後貞隆は、慶長十九・二十年の大坂冬の陣・夏の陣に本多正信隊に属して出陣し、その功が認められて、元和二年（一六一六）に信濃・川中島で一万石が与えられ、大名に復活した。貞隆は元和六年に病没するが、その子吉隆が跡を継ぎ、元和八年に一万石が加増され、翌元和九年に出羽国由利郡亀田に移封となった。亀田藩の成立である。

ところが、寛永三年（一六二六）、藩主吉隆が秋田藩主の伯父佐竹義宣の後継者と定められ、佐竹義隆と改名して秋田藩二代藩主となったため、佐竹義宣・岩城貞隆の弟にあたる多賀谷宣家が岩城家を相続し、亀田藩二代藩主岩城宣隆となった。

徳川幕府が編纂した大名・旗本らの系譜集『寛政重修諸家譜』で、岩城宣隆の項をみると、「継室は真田左衛門佐幸村が女」と記され、三代藩主重隆の項には「母は幸村が女」とある。真田幸村の娘が亀田藩主岩城宣隆の正室となり、彼女の生んだ重隆が三代藩主となったのである。

この幸村の娘は「直《なお》」と呼ばれる女性で、藩主正室としては「お田《でん》の方」と称されたという。

お田の母は幸村の側室で、法号を隆清院といい、非業の死を遂げた関白豊臣秀次の娘とされる。お田と男児幸信を生んだという。

大坂夏の陣後、お田は母隆清院とともに、母方の曾祖母（秀次の母で、秀吉の姉）瑞龍院日秀が暮らす京都の瑞龍寺に身を隠したが、元和五年、将軍徳川秀忠に供奉《ぐぶ》して佐竹義宣が上洛した際、給仕女として佐竹家の京屋敷に出仕した。

ある朝、屋敷の裏庭から凛《りん》とした掛け声がするので、義宣が行ってみると、町娘だとばかり思っていたお田が女性たちに薙刀《なぎなた》を指南していた。不審に思った義宣が質すと、お田は幸村の娘であることを明かした。義宣は弟多賀谷宣家の側室とすることを決め、翌元和六年に佐竹家家老梅津政景がお田を秋田に連れ帰り、宣家の側室となったお田は重隆を生んだというのである（土居輝雄著『佐竹史探訪』ほか）。

宣家はやがて亀田藩主岩城宣隆となり、お田はその正室となるが、姉お田を頼って弟幸信も亀田を訪れ、「三好幸信」の名で亀田藩士に取り立てられた。お田の祖父にあたる豊臣秀次は、一時阿波の名族三好康長の養子となり「三好」を称したので、幸信はその苗字を継承したと伝えられる。

お田は寛永十二年六月十一日に岩城家江戸屋敷で亡くなった。法号は「顕性院」で、秋田県由利本荘市の妙慶寺境内にはお田の墓が、母隆清院、夭逝したお田の娘寂寥院の

右から隆清院（お田の方母）、お田の方、寂寥院（お田の方娘）の墓（秋田県由利本荘市　妙慶寺）

墓と並んで建ち、同寺宝物館には六文銭の家紋が打ち出された甲冑をはじめ、お田や幸信の遺品が展示されている。

亀田藩三代藩主となったお田の子重隆は、自らを厳しく律し、名君の誉れが高い。

重隆は、万治二年（一六五九）に大坂加番を命ぜられた。大坂加番は、幕府の西国支配の拠点である大坂城に配された幕府正規軍大番二組の加勢で、一年交代で四大名が任命される。祖父真田幸村が勇名を馳せた大坂城に入り、重隆は何を想ったであろうか。

岩城家の大坂加番拝命はこの一度だ

けであったが、江戸の情報屋として知られる藤岡屋の日記に天保六年（一八三五）正月十一日付で老中水野忠邦に宛てた亀田藩八代藩主岩城隆喜《たかひろ》の手紙が収められている。大坂加番拝命を願うもので、隆喜は同藩の困窮ぶりを縷々《るる》述べ、とりわけ文政十一年（一八二八）から天保五年までの七年間のうち五年間の不作は甚だしく、さらに天保元年に幕府から預けられた「永御預人」に要する費用も並大抵ではないと嘆き、もはや打つ手はなく、何とか大坂加番に任じて欲しいというのである。

「永御預人」とは、シーボルト事件に連座したオランダ通詞馬場為八郎のことで、幕府から亀田藩に預けられ、お田の菩提寺妙慶寺に幽閉された。

岩城隆喜は、大坂加番拝命という名誉ではなく、困窮極まった同藩財政立て直しのため、大坂加番の役料が欲しいと嘆願したのである。けれど結局、隆喜の願いが実現することはなかった。

三十六　仁政の鐘

慶長二十年（＝元和元年、一六一五）五月七日、大坂夏の陣最後の決戦で、真田幸村・毛利勝永らの奮戦も空しく、豊臣方は敗れて大坂城は落城。翌八日には焼け残りの櫓に潜んでいた豊臣秀頼とその母淀殿が自害し、栄耀栄華を誇った豊臣家はわずか二代で滅亡の憂き目をみた。

一ヶ月後の六月八日、徳川幕府は家康の外孫・松平忠明（家康の長女亀姫の子）を十万石の大坂藩主に任命し、焦土となった大坂市街の復興を命じた。

忠明は大坂城を将軍から預かる形にはなったものの、大坂城には入らず、のちに東・西町奉行所となる天満橋南の屋敷に入り、戦災からの復興に着手した。その事業に一定の目途が立った元和五年（一六一九）七月二十二日、忠明は十二万石余に加増されて大和郡山に転封となり、幕府は大坂を直轄地とした。

二代将軍徳川秀忠は大坂城の再築を決め、「築城の名手」として知られる伊勢・伊賀二ヶ国の太守藤堂高虎を呼んで縄張りを命じ、「隍池《こうち》の深さ、石壁の高さ、古きに倍双あれ（堀の深さも、石垣の高さも秀吉築城の大坂城の二倍にせよ）」（『藤家忠勤録』）と指示した。

翌元和六年三月一日から大坂城再築工事が始まった。工事は北国・西国の大名六十四家を動員する「天下普請」という形で、三期に分けて行われ、寛永六年（一六二九）に完了した。この工事で豊臣大坂城は地中深くに埋められ、その上に全く新たな大坂城が築かれたのである。

完成した徳川大坂城は幕府の西国支配の拠点となり、城主は徳川将軍であった。

寛永十一年閏七月二十五日、城主である三代将軍・徳川家光が大坂城入城を果たした。事前に、将軍家光が乾櫓に登り、金の采配を振ったら、大坂の地子《じし》（土地にかかる税金）が永久に免除されると予告されていたので、翌二十六日にはその瞬間をひと目見ようと多くの町人たちが詰めかけた。

外堀を隔てて乾櫓の正面に位置する高麗橋通りはたくさんの人々でごった返し、その大群衆を前に、実際に家光が采配を振ると、凄まじい大歓声が沸き起こった。抜群の演出効果で、徳川幕府は一瞬にして豊臣家のお膝元であった大坂の人々の心をつかむことに成功した。そして永代地子免除は、江戸時代の大坂が「天下の台所」と呼ばれるわが国随一の経済都市へと発展する基盤となった。

大坂の町人たちは、徳川幕府から賜った厚恩を忘れぬため、一つの鐘を造り、そこに将軍家光の徳を称え、武運長久を祈る銘文を刻んだ。そして、この鐘を毎日一刻（二時間）ごとに打ち鳴らし、鐘の音を聞くたびに徳川幕府から受けた御恩を決して忘れぬよう心に刻んだと伝えられる。

現在の「仁政の鐘」

大阪（大坂）というと、秀吉の時代から一貫して豊臣贔屓《びいき》だったように誤解されているが、江戸時代の大坂は徳川幕府から賜った厚恩を一日として忘れぬ町だったのである。

江戸時代を通じて幕府政治のすばらしさをアピールし続けた「仁政の鐘」は、徳川幕府の終焉とともに、その役割を終え、かわって天保山の台場から大阪城の天守台に移された号砲が、新時代の時報として活躍するようになる。

明治三年（一八七〇）に釣鐘屋敷が撤去され、「仁政の鐘」は近くの長光寺（中央区島町）に預けられた。同五年には石町《こくまち》二丁目に新たに開校した江畔小学校（現、中大江小学校）に移され、さらに同八年には本町橋東詰の府立大阪博物場に移されて、「仁政の鐘」はここで展示・保存されることとなった。

ところが大正十五年（＝昭和元年、一九二六）、大阪城大手前に大阪府庁の新庁舎が完成すると、鐘はここに移され、昭和四十五年には大阪府指定有形文化財となった。

その後、もともと釣鐘屋敷のあった中央区釣鐘町の住民の間で里帰り運動が起こり、それが実って、同六十年、鐘は百年余りの時を経て地元に戻された。

「仁政の鐘」はコンクリート製の新たな鐘楼に吊るされ、コンピューター制御により、朝八時、正午、日没の一日三回、自動で鳴らされている。その鐘の音を聞いて、徳川の世が続いていたら、今も大阪は永代地子免除だったのに……と悔しがっている人はいるだろうか。

第四章　大坂城史

三十七　蓮如上人袈裟懸《けさがけ》の松

大阪城の歴史を遡《さかのぼ》ると、浄土真宗の本願寺八世蓮如による大坂（石山）御坊の建立にたどりつく。

『御文《おふみ》（御文章《ごぶんしょう》）』は、蓮如が各地の門徒（信者）などに宛てた消息（手紙）約八十通を、蓮如の孫・円如が大永元年（一五二一）に五帖に編纂したもので、「五帖御文」と呼ばれるが、その中の一通で蓮如は、「抑《そもそも》当国摂州東成郡生玉之庄内、大坂トイフ在所ハ、往古ヨリイカナル約束ノアリケルニヤ、去ヌル明応第五之秋下旬ノ比《ころ》ヨリカリソメナカラコノ在所ヲミソメシヨリ、ステニカタノコトク一宇ノ坊舎ヲ建立セシメ、当年ハ、ハヤステニ三年ノ星霜ヲヘタリキ」と記している。

この手紙は「大坂（大阪）」という地名の初見史料としても著名であるが、ここで蓮如は、明応五年（一四九六）秋下旬に現在の大阪城の場所を見初め、そこに御堂の建設を始めてから、既に三年が経ったと感慨深げに語っている。

本願寺は、当時、京都郊外の山科にあり、大坂御坊はその別院として建てられた。蓮如の手紙には、現在の大阪城地を見初めた時期を「明応第五之秋下旬」とのみ記すが、蓮如の十男・実悟が著した『拾塵記《しゅうじんき》』には「摂津国東成郡生玉庄内大坂御坊ハ、明応第五秋九月廿四日ニ御覧始メラレ」とあり、「秋下旬」が具体的には「九月廿四日」であったことが知られる。

また、蓮如の孫・顕誓の著した『反故裏書《ほごうらがき》』には「抑摂州東成郡生玉庄内大坂ノ貴坊草創ノ事ハ、去明応第五ノ秋下旬、蓮如上人堺津へ御出ノ時御覧シソメラレ」とあり、蓮如が見初めたのは、彼が山科から堺へ向かう途中であったこともわかる。

当時の堺は日明貿易などで栄えたが、その堺で蓮如は真宗寺（大阪府堺市堺区神明町東）を拠点に、活発に布教活動を行い、真宗寺の境内には信証院という蓮如の居所も設けられていた。蓮如は、この真宗寺に向かう途中で、現在の大阪城地に御堂の建設を決めたのである。

そして蓮如は明応八年三月二十五日に山科で八十五歳の生涯を終える。

山科本願寺は十世証如の代、天文元年（一五三二）に、法華（日蓮）衆徒らの襲撃を受けて焼亡し、以降は大坂御坊が本願寺本山となる。

そして十一世顕如の代、元亀元年（一五七〇）に、大坂本願寺は「天下布武」を標榜する織田信長と戦闘状態に入り、天正八年（一五八〇）まで、十年の長きにわたり激闘を展開した。

現在の大阪城には、本丸とは内堀を隔てた東側、雁木坂《がんぎざか》を上り切った辺りに、「蓮如上人袈裟懸の松」と呼ばれる松の巨木の古株が残り、傍らには蓮如自筆の六字名号「南無阿弥陀仏」が刻まれた石碑も建てられ、大阪城の地にかつて蓮如草創の大坂御坊、大坂本願寺があったことを伝えている。

この場所では、蓮如の祥月命日である三月二十五日に、南御堂（東本願寺難波別院）によって毎年法要が行なわれ、旧暦三月二十五日が新暦の五月十四日にあたることから、北御堂（西本願寺津村別院）は五月十四日に法要を営んでいる。

「蓮如上人袈裟懸の松」は、大坂御坊創建の際、蓮如がこの松に袈裟を懸けたと伝えるものであるが、大坂本願寺の跡には秀吉が大坂城を築き、その豊臣大坂城も地中深くに

蓮如上人袈裟懸の松

埋められて、上に徳川大坂城が築かれたわけであるから、古株とはいえ、蓮如時代の松が、地上に痕跡を残しているとは到底考えにくい。けれど、「蓮如上人袈裟懸の松」は江戸時代の大坂城にも存在した。

江戸時代には、城代・定番《じょうばん》・大番・加番といった役職に就いた徳川幕府の譜代大名や旗本たちが、入れ替わり立ち代わり大坂城で勤務したが、その際彼らは大坂城の概略図や説明書を用いた。概略図は『摂営秘図』と呼ばれ、説明書は『摂営秘録』と名付けられた。

その『摂営秘録』の「御本丸之部」に「秀頼公生害《しょうがい》松」の項があり、「右同所（月見之御櫓）之北の方にこれあり。朝鮮より渡る松という。同所に又、蓮如上人袈裟掛之松というあり。右生害松は廻り三抱ばかりこれあり」と記されている。

また、文化年間（一八〇四～一八）頃に成立し、大坂城の歴史・伝承などを紹介する『金城聞見録《きんじょうぶんけんろく》』にも「御本城之部」に「蓮如袈裟掛松」があり、「同所（天守台の東）にあり。幹二抱に余れり。梢ハ枯たり」と記され、続いて「秀頼公生害松」が紹介されている。

江戸時代後期の成立と考えられる「大坂錦城之図」にも、たしかに天守台の東側、月見櫓と糒《ほしいい》櫓の間に「生害松」「ケサ掛松」が並んで記されるので、江戸時代には「蓮如上人袈裟懸の松」は本丸にあったことは間違いない。

まさか松が内堀を飛び越えるはずはないから、現在の古株は、かつて本丸にあった「蓮如上人袈裟懸の松」を近代になって移したか、あるいはまったく別の松をそう呼んだのであろう。

三十八　極楽橋

平成十八年（二〇〇六）十月四日、関西大学の藪田貫《ゆたか》教授から、「大坂城を描いたと思われる屏風がオーストリアで見つかり、ドイツの大学の先生が写真を持って来ておられるので、一度見てもらえないか」という電話が入った。

翌日早速、ケルン大学のフランチィスカ・エームケ教授が大阪城天守閣にお越しになった。屏風絵はオーストリア・グラーツ市の郊外にあるエッゲンベルグ城にあり、各画面が解体され、壁にはめ込まれているという。写真を見せてもらったところ、そこには紛れもない豊臣大坂城とその城下が描かれており、私はその景観を秀吉が亡くなった慶長三年（一五九八）頃とした。

屏風は「豊臣期大坂図屏風」と名付けられ、新発見のニュースが十月十九日付け朝刊の全国版一面カラーで報じられた。

ところで、私がなぜすぐに景観年代を導き出せたかというと、天守北側の内堀に屋根のある廊下橋様式の極楽橋が架かっていたからである。

私は以前から極楽橋の変遷に注目し、平成九年（一九九七）には「大坂冬の陣図屏風・夏の陣図屏風に描かれた大坂城―極楽橋の検討―」と題する論考を発表して、その後も検討を重ねていた。

築城当初の極楽橋は、擬宝珠《ぎぼし》・勾欄《こうらん》が付けられた黒塗りの橋であったが、文禄五年（＝慶長元年、一五九六）に廊下橋様式の新たな橋に架け替えられた。イエズス会宣教師ルイス・フロイスは一五九六年十二月二十八日付の「一五九六年度　日本年報補遺」で、「極楽橋」を「二万五千黄金スクードに値する非常な黄金で輝くいとも高貴な橋」と表現し、「政庁（本丸の千畳敷御殿）への通路」になったといい、

「鍍金した屋根を設け、橋の中央に平屋造りの二基の小櫓を突出させた」

「小櫓には鳥や樹木の種々の彫刻がかかっている。小櫓は太陽の光を浴びるとすばらしい輝きを放ち、櫓に新たな装飾を添える」

「両側の上方に連ねられた欄干は、はめ込みの黄金で輝き、舗道もまた非常に高価な

諸々の装飾で鮮明であり、傑出した工匠たちの手によって入念に仕上げられたすばらしい技巧による黄金塗りの板が介在して輝いていた」と、その姿を詳細に描写した。建築費の「一万五千黄金スクード」については、フロイスの同僚の司祭に、「堺奉行」の「小西ベント如清《じょせい》」がその額を「肯定した」と記されている。

このように廊下橋様式の新たな極楽橋が文禄五年に完成したことが知られるのである。築城当初、大坂城本丸への正門は南側の桜門であったが、この時点で北側の「極楽橋」に変わったのは、同年の淀川改修工事により、左岸堤防上が京都と大坂を結ぶ「京街道」として整備され、大坂城北西の京橋口につながったことが関係していると私は考えている。

このように巨費を投じて建設された極楽橋であったが、醍醐寺三宝院門跡・義演の『義演准后日記』慶長五年五月十二日条に「豊国明神ノ鳥井ノ西ニ、廿間斗ノ二階門建立、大坂極楽橋ヲ引かれ了ぬ」とあり、京都・東山の豊国社に解体・移築され、「二階門」になったことが知られる。

したがって、廊下橋様式の極楽橋が大坂城の内堀に架かっていたのは文禄五年〜慶長五年ということになる。さらに、秀吉が慶長三年に開発した船場の町も描かれていたので、「豊臣期大坂図屛風」の景観年代を慶長三年頃としたのである。

慶長三年八月十八日に亡くなった秀吉は、死後、神として祀られることを望み、翌年四月十七日に朝廷から「豊国大明神」の神号宣下がなされ、翌十八日に東山・阿弥陀ヶ峰の麓に造営された壮大華麗な社殿に正遷宮が行われた。豊国社の成立である。

豊国社の別当を務めた梵舜の日記『舜旧記』の慶長七年六月十一日条に「今日ヨリ豊国極楽門、内府《だいふ》ヨリ竹生嶋《ちくぶしま》へ寄進により、壊し始める」とある。「内府」とは徳川家康のことで、このとき豊国社の「極楽門」が琵琶湖に浮かぶ竹生島に解体・移築されたことが知られる。

現在国宝の指定を受ける竹生島・宝厳寺の唐門が、移築された「極楽門」とされる。私は大坂城の極楽橋を移築して豊国社に建てられた「二階門」が「極楽」の名称を引き継いで「極楽門」と呼ばれたのではないかと考えている。その推測が正しければ、宝厳寺唐門は現存唯一の豊臣大坂城の建築遺構ということになる。

三十九　道頓堀

ミナミの道頓堀界隈は、キタの北新地と並んで、大阪を代表する歓楽街として知られる。

その道頓堀に架かる日本橋の北詰に巨大な石碑が建つ。徳川大坂城築城用の残石（残念石）を利用したもので、表面には大きく「贈従五位安井道頓安井道卜紀功碑」と刻まれる。

大正三年（一九一四）十一月十四日に大阪城で実施された陸軍特別大演習にともない大正天皇の大阪行幸が行われた。このとき大阪の繁栄に貢献した十一人に贈位がなされ、道頓堀開削に功のあった安井道頓・道卜にもそれぞれ従五位が贈られた。「紀功碑」は、それを記念して翌大正四年九月に建立されたもので、裏面いっぱいに彼ら二人の功績が記されている。

それによると、安井道頓と道卜は従兄弟で、道頓は諱を「成安」、通称を「市右衛門」といった。安井家は室町将軍足利家の分流で、元は「渋川」氏を称し、河内国渋川郡の久宝寺城を居城とした。安井定重は弟の定正・定次とともに織田信長に仕えたが、大坂（石山）本願寺との合戦で討死。その後は弟の定次が豊臣秀吉に仕えたが、この定次が道頓の父であるという。定次・道頓の父子は秀吉の大坂築城の際、堀の掘削工事を監督し、それを賞され、秀吉から城南の地を賜った。その後、道頓はこの「城南の地」に新たな堀の開削を計画。伯父定正の子定清・定吉、そして親戚の平野藤治らと語らい、慶長十七年（一六一二）に工事を開始した。定清が通称「治兵衛」、定吉が通称「九兵衛」で、安井道卜とはこの定吉のことであるという。

豊臣秀吉に恩義を感じていた道頓は、大坂の陣では豊臣方として戦い、討死。道卜こと安井九兵衛と平野藤治が、大坂の陣で中断していた工事を再開して堀を完成させた。この新しい堀は、当初は「南堀川」と呼ばれたが、大坂の陣後に大坂藩主となった松平忠明が、起工した道頓を憐れんで「道頓堀」と名付けた。平野藤治はその後幕府に仕えて大坂を離れたが、道卜は幕府の命で大坂の繁栄に力を尽くし、寛文四年（一六六四）十月十七日に八十三歳で亡くなった。子孫は代々、北組・天満組とともに江戸時代の

「大坂三郷」を構成した南組の総年寄（惣年寄）を世襲し、明治維新に至った。

碑文にあるとおり、安井家は久宝寺（大阪府八尾市）の土豪で、足利将軍家の一族である河内守護畠山氏の支族と伝え、もとは「渋川」氏を称した。戦国時代、久宝寺には本願寺八世蓮如の六男蓮淳が住持を務める顕證寺（久宝寺御坊）が建てられ、寺内町も形成された。安井家は顕證寺の下役としてこの寺内町を支配した。

寺内町の北西隅、「城土居《しろんど》」と呼ばれる辺りが安井氏の居城久宝寺城の跡地と伝えられ、「久宝寺城址」の石碑が建てられている。

また寺内町の八尾市まちなみセンターの敷地内には「贈従五位　安井道頓道卜出生地」と刻まれた石碑も建つ。先の「紀功碑」と同じく大正三年の贈位を記念して建てられたもので、もとは安井氏傍系の家の庭にあった。

「貞享暦《じょうきょうれき》」を作ったことで知られる幕府天文方の渋川春海も安井家の出身で、もとの名を「安井算哲」といい、同家旧姓に復して、名を「渋川春海」と改めた。

ところで、昭和四十年（一九六五）一月、道卜から数えて十二代目にあたる安井朝雄氏が国と大阪府・大阪市を相手どって、道頓堀の河川敷地は同氏の所有であるから、その所有権を確認して欲しいとの訴状を大阪地方裁判所に提出した。これが有名な「道頓堀裁判」で、当時大阪市が、悪臭を放つドブ川と化していた道頓堀両岸を埋め立てて分譲しようとしていたため、この計画を阻止すべく訴えたものである。佐古慶三・津田秀夫・牧英正の三人の歴史学者が法廷で意見を述べ、歴史的な事実関係が法廷で争われるという稀有な裁判となった。裁判の過程で、多くの未公開資料が公開され、その結果、安井道頓は実在せず、道頓は平野郷七名家《しちみょうけ》の一つ成安《なりやす》家の人物であるという驚きの事実が明らかとなった。

成安道頓は「新堀」開削の「奉行」を務め、同じ平野郷の平野藤次郎と久宝寺村の安井治兵衛・九兵衛（道卜）兄弟がその「手伝奉行」「組下」として工事に参加した。道頓が大坂の陣で討死したあと、安井九兵衛と平野藤次郎が「新堀」を完成させ、両人は松平忠明から堀の両岸一帯に早く家を建て、開発を進めるよう命じられたが、平野藤次郎は幕府代官に任じられ、藤次郎の権益を継承した弟の平野次郎兵衛の家系も元禄年中（一六八八～一七〇四）に絶えたため、道頓堀に関する権益は安井家が一手に握ることとなったのである。

十一年十ヶ月に及んだ「道頓堀裁判」は、道頓堀繁栄に対する安井家の多大な功績を称えつつも、河川敷地の所有権に関しては原告敗訴という形で幕を閉じた。

四十　天下の副将軍

元和五年（一六一九）七月二十二日、徳川幕府は、大坂の陣後、市街の復興にあたっていた大坂藩主松平忠明を大和郡山に移し、大坂を直轄地とした。同年九月十六日には西国諸大名に宛てて老中連署状が出され、明年三月一日から大坂城の再築工事を開始することを告げ、準備を怠らぬよう命じた。

翌元和六年正月十八日には、石垣普請の分担区域（丁場）が発表され、西国・北国の大名四十八家が動員されて、予定どおり三月一日から工事がスタートした。

これが第一期工事で、元和八年六月まで続き、二の丸の西・北・東の三面が完成した。石垣の築造工事（普請）は諸大名に課されたが、その上に立つ櫓や門・塀などの建築工事（作事）は幕府直営で行い、茶人で造園家としても名高い小堀政一（遠州）が作事総奉行に任命され、工事全体を指揮・監督した。

続く第二期工事は元和十年（＝寛永元年）二月一日に始まり、寛永三年まで続いた。この工事には西国・北国の六十大名が動員されて本丸が築かれ、五層の大天守も竣工した。天守の総高は地上五十八・二メートルで、約四十メートルだった豊臣大坂城の天守を遥かに凌いだ。

寛永五年から六年にかけてはさらに第三期工事が行われ、北国・西国の五十七大名が動員され、二の丸南面が築かれて、徳川大坂城が完成した。

徳川大坂城は幕府の城で、城主はあくまでも徳川将軍であったが、西国支配の拠点と位置付けられた大坂城には、城主である将軍にかわって大坂城代が置かれ、大坂城の職制のトップに立った。

大坂城代は西国大名の動静を監察するのが主な役目で、大坂在勤の幕府諸役人を統括し、直轄都市である大坂と堺を支配するとともに、西国三十三ヶ国における訴訟の裁断権も有した。任期は不定で、五〜十万石の譜代大名から選任された。最も長い間大坂城代の任にあったのは、寛永三年（一六二六）から正保四年（一六四七）まで勤めた阿部正次（武蔵・岩槻藩主）と、元禄四年（一六九一）から正徳二年（一七一二）まで勤めた土岐頼《より》殷《たか》（出羽・上山藩主）で、いずれも在任期間は二十一年の長きに及んだ。

大坂城代を補佐し、副城代と呼ぶべき地位にあったのが定番《じょうばん》で、京橋口定番・玉造口定番という二つの役職に、それぞれ一～二万石程度の譜代大名が選ばれた。任期は不定で、配下に実務官僚の蔵奉行、鉄砲奉行、弓奉行、具足奉行、金奉行、材木（破損）奉行を従えた。

幕府には将軍直属で、戦時には将軍本隊の先陣を受け持つ部隊として、大番十二組が編成され、ふだんは江戸城の勤番や江戸市中の警備を務めていたが、うち二組は京都・二条城、もう二組は大坂城の警備を担当した。大坂城には大番二組が一年交替で順次駐留し、それぞれ東大番・西大番と呼ばれた。隊長である東大番頭《がしら》・西大番頭には、いずれも五千石クラスの大身の旗本や一万石程度の譜代大名が就任した。

幕府正規軍である大番二組への加勢として任命されたのが加番で、山里加番、中小屋《なかごや》加番、青屋口加番、雁木坂《がんぎざか》加番という四つの役職にそれぞれ一～三万石クラスの大名が選ばれ、一年の任期で着任した。

大坂城には常時これだけの軍事力が備わり、西国の外様雄藩に向き合った。責任者である大坂城代には西国有事の際には江戸の将軍の命を待たずに諸大名に出兵を命じたり、大坂城内の武器・弾薬を提供できるといった権限が与えられた。そのため、大坂城代は就任の際、「御印押したる白紙を賜はりて持行」（『甲子夜話』）とか、「副将軍」の格式（『大坂濫觴書《らんしょうがき》一件』）などといわれた。

「天下の副将軍」といえばテレビ時代劇でもお馴染みの水戸黄門こと徳川光圀が思い浮かぶ。御三家の一つである水戸徳川家は、尾張徳川家の石高が六十一万九千五百石、紀伊徳川家が五十五万五千石だったのに対し、三十五万石と少なく、官職も尾張と紀伊が大納言まで昇進可能だったのに対し、水戸は中納言止まりで、尾張・紀伊に比べ水戸徳川家は家格が一段低かったが、参勤交代がなく原則として江戸定府であったため、「副将軍」と呼ばれた。

これに対し大坂城代は、わが国六十六ヶ国の内、半分の三十三ヶ国の軍事大権を将軍から委任されたので、そのように呼ばれることがあったらしい。

四十一　御金蔵破り

豊臣秀吉が築いた大坂城は慶長二十年（一六一五）五月七日、大坂夏の陣で落城した。徳川幕府の二代将軍秀忠は、北国・西国の大名を動員して豊臣大坂城を地中深くに埋め、その上にまったく新たな大坂城を築いた。

ところが、徳川幕府による再築の事実はいつしかすっかり忘れ去られ、大坂夏の陣で建物は全て焼失したものの、石垣は豊臣大坂城のそれがそのまま残り、徳川幕府はその上に建物を再建しただけと考えられるようになった。そして、豪壮な石垣や堀が気宇壮大な豊臣秀吉のイメージと重なり、城内各所で秀吉伝説が語られるようになる。「黄金水」もその一つであった。

小天守台に建つ金明水井戸屋形は、寛文五年（一六六五）に天守が落雷で焼失した際も類焼を免れ、徳川大坂城再築当時の寛永三年（一六二六）の建物が今も残り、国の重要文化財に指定されている。

「金明水」は内堀と同じ水位まで三十三メートルも掘り抜かれた井戸で、今もこんこんと水が湧き出ている。この「金明水」が江戸時代の「黄金水」で、本来の「金明水」は天守台東側の別の井戸であった。

『金城聞見録』は江戸時代の大坂城に関する虚実さまざまな伝聞を記した史料で、文化年間（一八〇四～一八）頃に成立したものであるが、それによると、この井戸は、豊臣秀吉が水の毒気を抜くために底に金の延べ板を沈めたことから「黄金水」と呼ばれるようになったという。ふだんは汲むことが許されなかったが、毎年六月十六日には一日中、汲むことができ、「黄金の徳」で、水は氷のように冷たく、腐った魚でもその水をかけてやるとたちまち鮮魚になり、夏にはこの水に食べ物を浸けておくと味が変わることはなかった、と記される。

ところが、この「黄金水」の井戸底に沈めてある金の延べ板を盗み出そうと企てた盗賊がいたという。その名を「梶助」といい、彼は夜中に「黄金水」の中に忍び入り、寒さに震えながらも、我慢して井戸底まで下りた。けれど、金の延べ板は、大石を格子状に穿った入れ物の中に納められていたため、取り出すことができず、断念して去ったと

現在の金蔵

いうのである。

　この話、まったく架空の作り話かと思いきや、たしかに「梶助」という盗賊は実在したのである。

　現在、天守閣の南東に金蔵一棟が残り、国の重要文化財に指定されている。

　江戸時代には金蔵がもう一棟あり、畿内や西国各地の幕府直轄領から上納される年貢金、長崎貿易の収益金などが収められていた。

　元禄十六年（一七〇三）の記録によると、前年末の時点で残高が大判四八枚、金一三万七四四八両三分三朱、銀四四三六貫四三二匁一分五厘七毛、銭七五四貫八九三文で、同年の入金が金二三万三二六両一分、銀六三九〇貫六八一匁二分三厘二毛、支出が金二〇万二三一七両三分二朱、銀一二三六貫一二一匁二分四厘三毛となっている。入金の額でいうと、幕府の一年間の収入のおよそ四割が大坂城の金蔵に収められたことになる。

それだけ莫大な額が収められる金蔵とあって、きわめて頑丈な構造となっていて、屋根は寄棟造りで本瓦葺、壁は上部を白漆喰で塗り固め、下部はなまこ壁、入口は扉を三重にし、床下にはびっしり石が敷き詰められた。

金蔵の管理を担当したのは四人の金奉行で、部下を率いて、金蔵の北にあった泊番所に詰め、昼夜分かたず警備にあたり、毎月五・十六・二十三日には、大坂城代・定番の家臣や町奉行所の金役与力が立会った上で、厳重に出納が行なわれた。

それでも、享保十五年（一七三〇）と元文五年（一七四〇）の二度、大坂城の金蔵は破られた。その内、元文五年に四千両を盗み出したのが、梶助だったのである。

梶助は大坂城本丸の守衛を担当した大番衆の一人、旗本窪田伊織の中間《ちゅうげん》で、主人に従って登城し、主人が勤務している間、屋敷に戻らず、金蔵破りを実行した。とはいうものの、四千両もの大金を一度に運び出すことはできず、二度にわたって四百両ずつ持ち帰り、残りは本丸御殿の床下などに隠した。四千両の紛失に気付いた大坂城側では、極秘裏に調査を進めた結果、急に金回りのよくなった梶助を突き止め、捕らえて尋問したところ、梶助はあっさり罪を認め、その手口を語ったのである（『武陽禁談』）。

この一件は江戸にも報告され、梶助は町中引き回しの上、磔《はりつけ》となり、玉造口定番の丹羽薫氏《しげうじ》、京橋口定番の山口弘長《ひろなが》、大番頭の堀田正陳《まさのぶ》は将軍への拝謁を止められ、金奉行四人の内、八木庄三郎と榊原弥左衛門は改易、井関猪兵衛と松田源之助は役職を召し上げられ無役、梶助の主人窪田伊織も同じく無役とされた。

御金蔵破りの梶助が、黄金水に忍び込んだ盗賊として、その名を誤って伝えられたのである。

四十二　桜田門外の変

嘉永六年（一八五三）六月三日、ペリー提督率いるアメリカ東インド艦隊の軍艦四隻が江戸湾入口の浦賀沖に姿を現した。いわゆる「黒船来航」で、幕末動乱の幕開けとなった。

ペリーは開国を要求するアメリカ合衆国のフィルモア大統領の国書を携えており、対応を迫られた幕閣がうろたえる一方で、外国船の打ち払いを求める「攘夷」が声高に叫ばれた。

ペリーは国書を渡すと、明春の再来を約束して、六月十二日に出航したが、その十日後、六月二十二日に十二代将軍家慶が亡くなった。家慶には世子家祥《いえさち》があり、家祥が十三代将軍家定となったが、家定は生来病弱で、子供をつくる体質も欠いていたから、将軍継嗣の決定が重要な政治課題となった。

候補者は二人あり、一人が御三卿の一つ一橋家の当主徳川慶喜、もう一人が御三家の一つ紀州徳川家の当主徳川慶福《よしとみ》であった。

慶喜は、「尊王攘夷」思想の象徴的存在であった水戸徳川家の当主徳川斉昭の七男で、早くからその聡明さが評判となっていて、父斉昭から英才教育を施され、文武両道に秀でていた。

十二代将軍家慶も慶喜に期待を寄せ、家慶の希望で、慶喜は一橋家を継承した。

一方、紀州徳川家の慶福は、同家十一代藩主斉順《なりゆき》の次男で、斉順は十一代将軍徳川家斉の七男であり、十二代将軍家慶の弟であったから、十三代将軍家定と慶福とは従兄弟という関係にあった。

血筋の上では慶福の方が断然将軍家定に近かったが、嘉永六年の時点で慶福は八歳に過ぎず、慶喜の方は十七歳に達していた。

こうしてアメリカから突き付けられた開国要求への対応に、将軍継嗣の選定が絡み、幕府を二分する政争が展開することとなった。

慶喜を推す一橋派は慶喜の父斉昭、越前松平家当主の松平慶永（春嶽）、薩摩藩主島津斉彬、土佐藩主山内豊信《とよしげ》（容堂）ら、一方慶福を推す紀州派には譜代大名が結集し、中核には譜代筆頭の彦根藩主井伊直弼がいた。

幕府は翌嘉永七年（＝安政元年）に再び姿を現したペリーとの間に、同年三月三日、日米和親条約を締結した。そして、その和親条約に規定された領事として、安政三年八月、ハリスが下田に着任し、今度は通商条約の締結を幕府に迫った。

こうした中、安政五年四月二十三日、井伊直弼が新たに大老に就任し、その辣腕を発揮する。五月一日に慶福を将軍継嗣とする旨を老中たちに伝え、六月十九日には日米修好通商条約を締結した。

勅許を得ないままの調印に抗議するため、六月二十三日には慶喜が田安家の慶頼とともに登城し、翌二十四日には前藩主となっていた斉昭が、長男で水戸藩主の慶篤、尾州徳川家の慶恕《よしくみ》（慶勝）をともなって登城し、井伊を詰問した。同日、松平慶永も登城した。

これに対し、井伊は、翌二十五日に慶福の将軍継嗣決定を公表し、七月五日には斉昭を蟄居、慶恕と慶永を隠居・謹慎処分とし、慶篤と慶喜は登城停止とした。そしてこの弾圧は、一橋派の大名・公家、さらに尊攘派の志士たちへと拡大した。

いわゆる「安政の大獄」で、これに憤激した水戸藩士らが、脱藩して起こしたのが、安政七年（＝万延元年）三月三日の「桜田門外の変」である。彦根藩邸を出て登城する井伊直弼の行列を元水戸藩郡方関鉄之介率いる十八名が襲い、ただ一人薩摩藩から参加した有村次左衛門が井伊の首を挙げた。

ところが、この事件の首謀者であった元水戸藩奥右筆頭取の高橋多一郎の姿は江戸にはなく、彼は息子の庄左衛門とともに大坂に向かっていた。

実は、多一郎らと薩摩藩有志との間で密約が交わされ、江戸での大老暗殺と連動して、薩摩藩兵三千が上って来ることになっていた。多一郎は大坂でこれを迎え、ともに上洛して朝廷を守護し、一気に幕政改革を断行するつもりでいたのである。

しかし、結局、薩摩藩は慎重論でまとまり、計画が漏れ、三月六日に大坂に到着した多一郎親子は幕吏に追われる身となった。生國魂《いくくにたま》神社門前の元笠間藩士島男也宅に匿《かくま》われたものの、三月二十三日の早朝、島宅は与力・同心ら二十数名に囲まれた。敵中突破して血路を開き、四天王寺境内に駆け込んだが、結局、同寺の寺侍小川欣司兵衛宅の奥座敷を借り、父子ともに切腹して果てた。

死に臨んで多一郎は懐にあった六十二両を欣司兵衛に与えたが、欣司兵衛はその金で多一郎父子の墓を建ててやった。その墓は、四天王寺の元三大師堂近くにあり、左面に多一郎の辞世「鳥が鳴　あつま健夫の　真こゝろハ　かしまのさとの　あなたとそしれ」、右面には庄左衛門の辞世「出たゝんと　すゝむ心を　とゝめ置て　ひるゐするのも　また君のため」が刻まれ、正面には大きく「怨霊消滅」と記された。無念の死を遂げた多一郎父子は、怨霊になったと考えられたらしい。

四十三　二百五十年ぶりの邂逅《かいこう》

大阪府松原市三宅の大橋家に大橋龍慶の木像が伝来した。

平成九年（一九九七）に松原市に寄贈され、今は松原市民ふるさとぴあプラザ内の郷土資料館で、時折展示される。像高八十五センチの等身大の坐像で、背面には五百二十一文字に及ぶ長文の銘文が刻まれ、末尾に龍慶満六十歳の誕生日である寛永十九年（一六四二）五月十日の日付と名僧沢庵宗彭《たくあんそうほう》の偈《げ》が記される。

徳川幕府編纂の『寛政重修諸家譜』や徳川幕府の正史「大猷院殿御実紀」などによると、大橋龍慶は幼名を勝千代、諱《いみな》を重保といった。

祖父重治は河内国志紀郡に所領を持ち、天文年中（一五三二～一五五五）三好長慶に属してしばしば戦功を挙げたが、永禄九年（一五六六）、大和国多聞城合戦で受けた矢傷がもとで死去した。四十二歳であった。

父重慶は、永禄十年、わずか十三歳であったにもかかわらず、家臣に助けられて、摂津国の野田・福島の戦いで勇名を馳せた。三好家没落後は、豊臣秀次に仕えたが、天正十二年（一五八四）四月九日の長久手合戦で討死。ときに三十歳であった。

この時点で龍慶はわずか三歳の幼児であったため、伯母のもとで養育された。九歳のとき、秀次が探していると聞き、名乗り出たものの、秀次から、幼少の間は勉学に励むようにと諭されたため、南禅寺に入って以心崇伝《いしんすうでん》（金地院崇伝）に師事。文禄四年（一五九五）に秀次が自害を遂げたのちは、西国を流浪。その後、片桐且元に召し抱えられ、まもなく豊臣秀頼の右筆に取り立てられた。慶長十九年（一六一四）大坂冬の陣勃発の際には、片桐且元・貞隆兄弟とともに大坂城を退去。旧主秀頼を攻める側にまわったが、重傷を負い、翌年の夏の陣には参戦かなわず、論功行賞にあずかることはできなかった。

この間龍慶は奈良に滞在したことが、以心崇伝の『本光国師日記』で確認できる。

元和三年（一六一七）三月十七日、将軍秀忠増上寺参詣の折、自ら訴状を携えて、それまでの経緯を言上。認められて、秀忠の右筆となり、次いで三代将軍家光の右筆にもなった。寛永十年（一六三三）、職を辞したが、なお家光の傍らにあり、仰せによって剃髪。名を「龍慶」とあらため、翌年家光上洛に供奉して式部卿に任ぜられた。龍慶は柳生宗矩《むねのり》らとともに家光の御咄衆《おはなししゅう》（お伽衆）を務めたとされるが（『近代雑記』）、家光はよほど龍慶がお気に入りだったようで、頻繁に牛込の龍慶隠宅に足を運び、宴を催している（「大猷院殿御実紀」）。正保二年（一六四五）二月四日、龍慶は六十四歳で没した。

龍慶の木像は長男重政の発意によって造られた龍慶満六十歳の寿像で、仏師藤原真信の手になり、牛込の鎮守八幡のご神体、本地仏、天神像、弘法大師像を彫り出した木の残株が用いられた。完成した木像は、龍慶の生国河内の誉田《こんだ》八幡宮境内の草堂に安置された。誉田八幡宮は応神天皇陵に隣接して鎮座し、「誉田宗廟」の尊称でも呼ばれた。寛永二十一年、龍慶はその誉田八幡宮に三十六点もの神宝を奉納している（「菅井家文書」）。現在、重要文化財の指定を受ける銘則国の太刀、銘真守《さねもり》の剣、伏見天皇宸翰《しんかん》の『後撰和歌集』巻二十、重要美術品の紺紙金字法華経などはすべてこのとき奉納されたものである。

龍慶の長男重政も家光・家綱の右筆、次男重為も家綱の右筆を務め、重政・重為の子孫はそれぞれ幕府の旗本として存続した。

これとは別に龍慶の故郷河内にも大橋家が残った。それが三宅の大橋家で、誉田八幡宮の大橋龍慶堂に祀られた龍慶木像は明治の神仏分離で、同家に移された。

三宅の大橋家は、天保十三年（一八四二）には誉田八幡宮から龍慶木像を写した画像を賜り、天保十五年に誉田八幡宮で営まれた龍慶二百回忌の法要にも参列し、このときは龍慶木像背銘の拓本を拝領している。

慶応元年（一八六五）、第二次長州戦争の指揮を執るため、十四代将軍家茂が大坂城に入城するが、これにともない重為の子孫である旗本大橋錦之助致知が来坂。致知は三宅の大橋長右衛門に書状を送り、この機会に会いたいと申し入れた。慶応二年正月十九日、致知の宿舎となっていた石町《こくまち》（大阪市中央区）のはりま屋清三郎方で、二人は対面を果たす。龍慶が江戸に下って以来、実に二百五十年ぶりの両家の再会であった。

半年後の七月二十四日、致知から「臨時御用」で江戸に戻るとの連絡を受けた長右衛門は、二日後、一族の河内国丹北郡島泉村（大阪府羽曳野市島泉）の大橋久兵衛と、龍慶を養育した伯母の末裔と伝える河内国志紀郡太田村（大阪府八尾市太田）の辰巳儀兵衛をともない別れの挨拶に出かけた。

実は七月二十日、大坂城中で将軍家茂が二十一歳の若さで病死していた。家茂の死は極秘とされたため、致知は突然の江戸帰還の理由を「臨時御用」としたのである。

ひと月後の八月二十日、家茂の死が公表された。

四十四　フランス料理

安政七年（＝万延元年、一八六〇）三月三日の「桜田門外の変」で大老井伊直弼が殺害されると、幕府政治は転換を余儀なくされる。同年八月十五日、「安政の大獄」で永蟄居となっていた水戸前藩主徳川斉昭が亡くなるが、幕府はその死を秘して、二十六日に永蟄居の処分を解き、九月四日には一橋家の徳川慶喜、越前松平家の松平慶永（春嶽）、土佐の山内豊信（容堂）らの謹慎処分も一斉に解除した。

けれども、文久二年（一八六二）正月十五日、今度は「坂下門外の変」が起こり、老中安藤信正が襲撃される。四月十六日には、薩摩の島津久光が一千余の軍勢を率いて入京し、朝廷に幕政改革の勅命を要求。久光は勅使を伴って江戸に下り、六月十日に登城して、将軍家茂に勅旨を伝えた。幕府は七月一日に、慶喜を将軍後見職、松平慶永を政事総裁職に任ずることを回答した。

朝廷はさらに勅使として三条実美らを江戸に送り、将軍家茂に攘夷決行を求めた。攘夷決行の意志を天皇に伝えるため、家茂が上洛することになり、先駆けとして将軍後見職の慶喜が文久三年正月五日に京都に着いた。三月四日には将軍家茂が三千人余を従えて上洛を果たしたが、攘夷祈願のため、同月十一日に孝明天皇の賀茂社行幸が挙行され、将軍家茂は馬に乗って供奉《ぐぶ》させられ、幕府権威の失墜は誰の眼にも歴然となった。四月二十日、幕府は朝廷に、攘夷決行を五月十日と約束する。幕府がこれを実行に移すことはなかったが、五月十日当日に長州藩が下関を航行中のアメリカ商船を砲撃、七月二日には、薩摩藩が鹿児島湾でイギリス艦隊と戦闘に及んだ。

ところが、いわゆる「八月十八日の政変」が起こり、これまで朝廷を牛耳ってきた三条実美ら尊王攘夷派の公家が朝廷から追放され、長州に落ちた。京都守護職を務める会津藩と薩摩藩の連合が成立し、長州藩の勢力が京都から一掃された。

公武合体派が主導権を握った朝廷では、有力諸侯による合議機関として新たに「参与会議」が設置され、慶喜のほか、松平慶永、山内豊信、島津久光、京都守護職の松平容《かた》保《もり》、宇和島前藩主の伊達宗城《むねなり》が「参与」に任ぜられた。けれども、幕府とは別の国政機関ができるのを嫌った慶喜は、参与間の対立を煽《あお》り、元治元年（一八六四）三月、「参与会議」は内部分裂により、脆《もろ》くも瓦解する。慶喜は「将軍後見職」を辞したが、新たに朝廷から「禁裏守衛総督」に任じられた。

同年七月十八日、失地回復を目論む長州勢二千が京都に侵入し、「禁門の変」が勃発する。慶喜は会津、桑名、越前、薩摩など諸藩兵を指揮して、この戦いを勝利に導いた。幕府は長州藩征伐を決め、三十五藩、総勢十五万もの征長軍を組織した。

この第一次長州戦争は、薩摩藩の西郷隆盛が、「禁門の変」で上京した三家老の切腹、三条実美ら五卿の追放などを条件に長州の降伏案をまとめ、これを呑んだ長州藩は同年十二月五日に藩主毛利敬親《たかちか》・広封《ひろあつ》親子の謝罪文を提出した。

ところが、長州藩内でクーデターが起き、幕府に謝罪恭順の姿勢をとってきた保守派にかわって、高杉晋作らが藩の主導権を掌握した。幕府は毛利父子の江戸への出頭を命じたが、長州はこれに応じず、元治二年（＝慶応元年、一八六五）四月一日、幕府は諸藩に将軍親征を伝達し、閏五月二十五日、家茂が大坂城に入った。

しかし、この第二次長州戦争真っ只中の慶応二年七月二十日、将軍家茂は大坂城中において二十一歳の若さで病没してしまう。

八月二十日に家茂の死と慶喜の徳川宗家相続が公表され、戦闘中止の勅命が出された。

そして同年十二月五日、慶喜は征夷大将軍に任ぜられる。十三代将軍家定継嗣の座をめぐり、一橋派と紀州派に分かれて、家茂と激しく争って以来、さまざまな紆余曲折を経て、ついに慶喜は徳川幕府の十五代将軍となったのである。

慶応三年三月二十八日と四月一日に、将軍慶喜は新たな「国家元首」としてイギリス・オランダ・フランス・アメリカの公使と、それぞれ大坂城本丸御殿大広間において公式会見を行ない、安政五年（一八五八）の修好通商条約に盛り込まれながら先送りとなっていた兵庫開港を、自らの責任で実現させることを明言した。

公式会見に先立ち、慶喜は三月二十五日から二十九日にかけて、各国公使を招き、大坂城本丸御殿の白書院御次の間でフランス料理のフルコースを振る舞った。

料理を請け負ったのは、横浜で「ホテル&レストラン・ド・コロニー」を営業していたラプラスで、椅子やテーブルを大坂城に運び込み、フランス人シェフのワッソールが調理した。フランス料理十七品、菓子類十品、酒類五種が出されたあと、部屋を連歌の間に移し、コーヒーに葉巻、リキュール九種、さらに紅茶が出されるという豪華なものであった（「坂城ニ各国公使謁見一件」）。

四十五　徳川慶喜

慶応二年（一八六六）十二月五日、徳川慶喜は徳川幕府の十五代将軍となった。その二十日後、孝明天皇が疱瘡で急逝する。幕府に深い信頼を寄せた天皇の突然すぎる死に、毒殺説が実《まこと》しやかにささやかれた。

翌年正月九日、孝明天皇第二皇子の祐宮睦仁《さちのみやむつひと》親王が十六歳で践祚《せんそ》する。明治天皇である。

同年三月二十八日と四月一日、新将軍慶喜は大坂城本丸御殿大広間においてイギリス・オランダ・フランス・アメリカの各国公使と会見し、兵庫開港を明言した。

一方で、慶応二年正月二十一日には既に「薩長同盟」が成立しており、討幕の動きが加速していた。

慶喜は、フランス公使レオン・ロッシュの後援を得て、軍制・軍備の洋式化を急ぎ、幕府軍を再編・強化して、これに対抗した。

さらに慶喜は、慶応三年十月十四日に大政奉還の上表文を朝廷に提出。これにより、幕府は「政権を朝廷に帰し奉」るわけであるから、討幕派はその大義名分を失った。

そして、朝廷には現実に政治を行なう力も体制もなかったから、結局は幕府に頼らざるを得ない。朝廷は、重要事項については諸侯会議で決めるとしながらも、日常的な「市中取締等は、まずこれまでの通り」とし、十月二十四日には慶喜が征夷大将軍の辞表を提出したが、朝廷はこれも却下した。

すべては、慶喜の筋書きどおりに進んだが、十二月九日、薩摩と長州は京都に兵を入れ、「王政復古の大号令」が発せられた。

高らかに天皇親政を謳《うた》い、従来の摂政・関白の職や幕府を廃止するとし、新たに総裁・議定・参与の三職を置いた。

しかし、松平慶永（春嶽）・山内豊信（容堂）らが、慶喜も議定に加えるべきと主張し、紛糾する。

慶喜の方は、十二月十六日に大坂城で各国公使を引見し、この国の主権者は相変わらず自分であり、必ず事態を解決に導くので、それまでは一切手出しをせぬようにと依頼した。

翌慶応四年元旦、慶喜は「討薩表」を起草し、二日には大軍が大坂城を出て京都へと向かった。翌三日、京都南郊の鳥羽・伏見で旧幕府軍は薩長軍と激突。戦闘は五日まで続き、数の上では圧倒的に優勢であった旧幕府軍が、「錦の御旗」を掲げる薩長の新政府軍に大敗を喫した。六日深夜、慶喜は元京都守護職の松平容保、元京都所司代の松平定敬《さだあき》、老中の板倉勝静《かつきよ》らわずかな側近をともなって大坂城を脱出し、幕府軍艦開陽丸で江戸へと戻った。

九日、主を失った大坂城に薩長の新政府軍が押し寄せる。城内に留まっていた幕府軍代表者らと無血開城の話し合いがもたれたが、交渉の最中に本丸御殿から火が出て、大坂城はたちまち猛火に包まれ落城した。

一方、慶喜は正月十二日、江戸城に帰還。城内では主戦論が渦巻いたが、慶喜は新政府への恭順を決断し、二月十二日に江戸城を出て、上野・寛永寺の大慈院に入り、謹慎した。

三月十三・十四日の両日、旧幕府側を代表して勝海舟が薩摩の西郷隆盛と会談。十五日に予定されていた新政府軍の江戸城総攻撃は中止と決定した。

四月四日、新政府軍が江戸城に入城。慶喜の死一等を減じ、徳川の家名を立てることを認め、慶喜には水戸での謹慎を申し渡した。

四月十一日の早暁、慶喜は寛永寺大慈院を出て、十五日に水戸に着いた。

閏四月二十九日、隠居した慶喜にかわって、田安亀之助が六歳で徳川宗家を相続。徳川家達《いえさと》である。五月二十四日、新政府は徳川家の城地石高を駿府七十万石と決定した。

慶喜は水戸の弘道館で謹慎生活を送っていたが、七月十九日には水戸を出て、駿府の宝台院に移った。

翌明治二年（一八六九）九月二十八日、慶喜の謹慎処分が解かれる。十月五日、慶喜は宝台院から紺屋町に移り、明治二十一年三月六日には西草深町に移った。

慶喜が静岡（駿府）から東京に移るのは明治三十年十一月十六日で、巣鴨一丁目の新邸に入った。

翌年三月二日、慶喜は皇居となった江戸城に参内し、明治天皇夫妻と対面した。

明治三十五年六月三日、慶喜は「公爵」の爵位を賜り、家達の徳川公爵家とは別に慶喜を当主とするもう一つの徳川公爵家が成立した。

そして、翌三十六年五月、慶喜は維新後初めての長距離旅行を行ない、陸軍第四師団司令部となっていた大阪城を訪れた。楠瀬幸彦少将が案内に立ったが、天守台に登った慶喜はそこでしばし佇《たたず》み、一人で物思いに耽《ふけ》った。

十四代将軍家茂の死、各国公使との会見、鳥羽・伏見へと出撃する幕府軍、松平容保・定敬らとの脱出――さまざまな出来事の舞台となった大阪城で、慶喜はいったい何を思ったのであろうか。渋沢栄一のまとめた『徳川慶喜公伝』は、「公は天主閣の址に登らせ給ひて、今昔の感に堪へざる御様子なりし」と記すのみである。

四十六　大阪城の号砲

「黒船来航」といえば、一般には嘉永六年（一八五三）六月三日にペリー提督率いるアメリカ合衆国の艦隊が浦賀沖に姿を現したことを意味するが、大坂では翌嘉永七年（＝安政元年）九月十八日にプチャーチン提督を乗せたロシア帝国の軍艦ディアナ号が安治川口の天保山沖に姿を現したのが「黒船来航」であった。

大坂市中は大騒ぎになり、大坂城代以下、玉造口・京橋口の両定番、東西の町奉行、近隣諸藩、大坂市中の蔵屋敷の武士など、総勢一万四、五千人の軍勢が天保山を取り囲むように布陣した。

幕府から大坂は交渉の場所ではなく、伊豆の下田で応接するとの旨が伝えられたので、ディアナ号は大坂を離れたが、これに懲《こ》りた幕府は、大坂湾防衛のために安治川口・木津川口の四ヶ所に台場を築いた。

現在、大阪城天守閣の入口右脇に置いてある全長三百五十二センチ、口径二十センチの巨大な号砲は安治川口の天保山台場に置かれていたもので、幕府からの命を受け、美作国津山藩士の百済清次郎らが製造した。青銅製の大砲で、先込式のカノン砲である。

維新後、大阪城の天守台に移され、明治三年（一八七〇）から日に三度、同七年からは正午を報せる時報として打ち鳴らされた。大阪市民からは「お城のドン」「お昼のドン」と呼ばれて親しまれ、大阪では、午後半日の休みを「半ドン」というのは、この「お昼のドン」が鳴ってから休みになるので、そう呼ぶのだと信じられてきた。本当は、オランダ語で日曜日（休日）を「ドンタータ」といい、半日の休暇なので、「半分ドンターク」、すなわち「半ドン」と呼んだというのが正解である。「ドンターク」というオランダ語が日本に深く浸透していたことは毎年五月に博多で行われるお祭り「博多どんたく」からもうかがい知れる。

「お昼のドン」は、大正十三年（一九二四）に中止となる。それまで西区江之子島《えのこじま》にあった大阪府庁が大阪城大手前の現在地に移転することになり、近くで「ドン」を打たれてはうるさくてたまらない、というのがその理由であった。「お昼のドン」がなくなると、正午がわからなくなるので、大阪市民は「どんならん」と嘆いたと伝えられる。

「どんならん」とは大阪弁で「どうしようもない」という意味で、それを「ドン鳴らん」とかけたのである。

昭和六年(一九三一)に現在の天守閣が復興されると、号砲は小天守台の西側に移された。そこは、江戸時代に本丸御殿へと向かう渡り廊下が設けられていた場所である。平成七年(一九九五)から九年にかけて実施した大阪城天守閣の「平成の大改修」の際、その場所に文化財運搬用兼身障者用のエレベータを設置することになり、これを機に号砲を現在の場所に移した。

筆者は昭和六十二年に大阪城天守閣の学芸員となり、以来三十四年間大阪城天守閣での勤務を続けているが、その間にただ一度、平成三年十一月三日の正午に、大阪城天守閣復興六十周年記念事業の一つとして、この号砲が打ち鳴らされた。それはそれは凄まじい轟音《ごうおん》だった。

ところで、明治新政府にとって、貨幣制度の統一と新貨の鋳造は緊急の課題であった。当時たまたまイギリスの香港造幣局が創立後まもなく廃局となり、その造幣機械の購入とトーマス・ウィリアム・キンダー(キンドル)局長以下技術者の雇い入れに成功した新政府は、天満・川崎の旧幕府破損奉行材木御蔵跡地に造幣寮(現在の造幣局)を建設した。立派な洋館が建ち並び、三十メートルを越えるレンガ造りの煙突がいくつも聳《そび》え立ち、夜には寮の内外にわが国初のガス灯がたくさん灯された。この造幣寮前の大川を蒸気船（外輪船）が航行する様子は大阪における文明開化を象徴する風景として錦絵の題材にもなった。

造幣寮の開業式は、明治四年二月十五日（旧暦）に右大臣三条実美、参議大隈重信以下の政府高官、イギリス公使ハリー・パークスをはじめとする各国公使らが多数参列して盛大に執り行われたが、このとき天保山沖に碇泊中の各国軍艦から一斉に祝砲が打ち鳴らされ、これに応えて大阪城から礼砲が打たれた。

大阪の町に「文明開化」を告げたのも大阪城の号砲だったのである。

四十七　オーストリア皇太子が見た大阪城

「エリザベート」といえば、「ベルサイユのばら」と並ぶ宝塚歌劇の人気作品だ。「エリザベート」は、一九九二年九月にオーストリアの首都ウィーンで初演され、ドイツ語のミュージカルとしては史上最大のヒット作となった。上演権を獲得した宝塚歌劇団では、一九九六年二月に当時雪組のトップスターであった一路真輝の退団公演として、宝塚大劇場において初演された。

エリザベート（一八三七〜一八九八）はオーストリア帝国（ハプスブルク帝国）の皇帝フランツ・ヨーゼフ一世の皇后で、シシィの愛称で知られる。彼女はバイエルン王家の傍系にあたる公爵マクシミリアンの次女で、姉の見合い相手であった母方の従兄フランツ・ヨーゼフ一世に見初められ、一八五四年四月に十六歳で結婚した。夫との間に皇太子ルドルフを儲けたが、一八八九年一月三十日、そのルドルフがピストル自殺。悲しみの淵に沈んだエリザベートは、一八九八年九月十日にレマン湖畔でイタリア人の無政府主義者ルイジ・ルケーニに暗殺されるまで、生涯、喪服で通した。

ルドルフにかわって新たに皇位継承者となったのがフランツ・フェルディナント（一八六三〜一九一四）で、彼は皇帝フランツ・ヨーゼフ一世の弟カール・ルートヴィッヒの長男である。

フランツ・フェルディナントは、一八九二年十二月二十五日に当時オーストリア帝国の海港であったトリエステをエリザベート皇后号に乗船して出航し、翌年十月十八日にウィーンに戻るまで、世界一周の大旅行を行った。この間、一八九三年（明治二十六）八月二日に長崎港に着き、八月二十四日に横浜港を出発するまで日本国内の旅行を楽しんだ。八月十日には大阪城を見学し、当日の様子を日記に書き留めている。

彼は八月八・九日の両日、京都で宿泊したので、京都駅から列車に乗り大阪駅に降り立った。大阪駅では「盛大な歓迎式が挙行され」、駅前は「押し寄せた野次馬の群れ」でごった返した。駅からは「四台の皇室用馬車が猛スピードでわたしたちを大坂城まで運んでくれた」と記している。

当時、大阪城には陸軍第四師団司令部が置かれていたが、彼が「大坂城に着くと、全将校を指揮する陸軍中将が出迎え、営舎に案内してくれた」。そして、目にした大阪城の感想を、「いかにも堂々とした城郭だ。なにしろ、幅五ないし七メートル、長さ十二メートルもの花崗岩で石垣が積まれ、濠は深く、満々と水をたたえて二重に巡らされているのである」と記し、「これほどの巨石を当時どのように運搬し、どのように積み上げたのか、想像だにできない」と、驚きの声を挙げる。「とくに目を奪われたのは、石垣の積み方だ。濠の内側も、外側も、石垣の表面や角の積み方が垂直ではなく、上部を少し反らして積まれているのである」と、石垣の曲線美に感動する。そして、「石垣の上には、日本の城郭に特有な櫓が、反り上がった屋根を高く掲げていた。だが現在では、その数はわずかだ。大部分が焼失してしまったからだ。いま、この城は瓦礫《がれき》のなかにあるといってよく、日本でもっとも豪華だったといわれる二の丸御殿も一八六八年の戦火の犠牲になってしまった」と、慶応四年（一八六八）一月に戊辰戦争で大坂城が落城し、多くの建物が焼失したことに触れる。「しかし、瓦礫とはいうものの、目の前の城はまことに圧倒的な印象を放っている」と記した。

さらに、「かつてここには、一五七一年に織田信長に破壊された浄土真宗の大寺がそびえていた。信長というのは、度重なる合戦を勝ち抜き、勇猛果敢をもって強大な封建領主にのし上がった武将である。（中略）それから時をおかず、〝太閤様〟がこの場所に大坂城を築城し、さらに数年後には、約一万七千の住家が取り壊され、城郭が拡大強化された。（中略）一六一五年、徳川幕府の開祖家康、およびその子秀忠に攻撃され、大坂城はあえなく落城した。さらに時をへて幕末期、皮肉にも大坂は――かつて徳川支配の確立に立ち会ったように――こんどは、その徳川封建制の崩壊、天皇親政の確立にも立ち会うことになったのである。すなわち、一八六八年、最後の徳川将軍がこの大坂城に入ったが、これを死守できず、市中も固守できず、ついにはアメリカ船で逃亡した。このとき大坂城をなめ尽くした火炎に幕府も呑み込まれ、同時に、旧来の封建制もまた呑み込まれたのである」と記す。

多少の誤りはあるにせよ、日記に大阪城の歴史をこれほど詳細に記したことには、驚かざるをえない。

大阪城訪問から二十一年後の一九一四年六月二十八日、サラエボ（現、ボスニア・ヘルツェゴビナの首都）で、フランツ・フェルディナントはボスニア系セルビア人の放った凶弾に斃《たお》れた。それが第一次世界大戦勃発の引き金となったことは、世界史上、あまりにも有名である。

四十八　後藤新平

現在の大阪城天守閣は昭和天皇の即位御大典記念事業として復興されたもので、昭和六年（一九三一）十一月七日に竣工した。

昭和三年二月の大阪市会で、当時の大阪市長関一《せきはじめ》から、昭和天皇の即位御大典記念事業として、豊臣秀吉の時代の大阪城天守閣を復興したいとの提案がなされ、全会一致で可決された。建設費は全額大阪市民の寄付金でまかなうことになり、同年八月、関一市長の名前で天守閣復興の「趣意書」が市内全戸に配布され、各区役所には推進委員会が設置された。建設に要する資金百五十万円はわずか半年足らずで全額が集まり、上は住友吉左衛門氏の二十五万円から十銭の少額にいたるまで、七万八千二百五十件あまりの募金が寄せられた。

百五十万円の内、実際に天守閣の建造そのものにかかった費用は四十七万一千円で、大阪市から陸軍に寄贈された第四師団司令部新庁舎（現、ミライザ大阪城）の建設費が八十万円、残りの約二十三万円は公園整備費に充てられた。

大阪城には、明治四年（一八七一）八月に東京・仙台・熊本とともに四鎮台の一つ大阪鎮台が置かれ、明治二十一年五月に行われた陸軍の編成替えで、大阪鎮台は第四師団司令部と改称された。大阪城の全域が陸軍用地だったので、その中に天守閣の復興を認める交換条件として、陸軍は第四師団司令部庁舎の新築・寄贈を要求したのである。

当時の第四師団司令部は、明治十八年に移築された和歌山城の二の丸御殿（紀州御殿）を本部庁舎として使用していたが、戦闘機が飛び交う近代戦の陸軍庁舎としてはもはや完全に時代遅れで、陸軍としては何とか近代的な司令部庁舎を建設したいと考えていた。

大阪城天守閣の復興計画より前、大正十二年（一九二三）に、浪速神宮の建設計画が持ち上がったことがある。「神宮」の称は本来、皇祖神の天照大御神《あまてらすおおみかみ》を祀る伊勢神宮のみの特別な呼称で、他の「神社」とは隔絶した存在であることを示すものであったが、明治以降、初代の神武天皇を祀る橿原神宮（奈良県橿原市、明治二十三年）、平安京遷都を行なった桓武天皇を祀る平安神宮（京都市、明治二十八年）、建武の新政を実現した後醍醐天皇を祀る吉野神宮（奈良県吉野町、大正七年）、明治天皇を祀る明治神宮（東京都、大正九年）など、偉大なる天皇を祭神とする新たな「神宮」が次々と誕生した。

浪速神宮は、仁徳天皇を祭神とする「神宮」として計画された。仁徳天皇は、難波高津宮《なにわのたかつのみや》から民の竈《かまど》に煙の立たないのを見て、三年間、税を免除したと伝えられる。その難波高津宮が大阪城地にあったとされることから、鎮座地として、大阪城の本丸に白羽の矢が立ったのである。

この時点で既に新庁舎の建設を目論んでいた陸軍は大阪城本丸の明け渡しにあっさり合意したが、第四師団司令部の大阪城大手前への移転費用として約百万円を要求したことから、大阪市教育部と大阪市協和聯合会（町内会の連合体）は、やむなく計画を断念した。

ところで、大阪城天守閣の復興には伏線があった。

大正十四年四月、大阪市は隣接する東成・西成両郡の町村を合併して、人口二百万人を越える、当時日本一の大都市となった。大阪毎日新聞社はこれを記念して、天王寺公園を第一会場、大阪城を第二会場として「大大阪博覧会」を開催した。大阪城の天守台には桃山様式の二層の「豊公館」が建てられ、内部に豊臣秀吉ゆかりの資料を展示して、三月十五日から四月三十日の会期中に六十九万八千三百八十六人の観覧者が詰めかける大盛況となった。

この「豊公館」を、逓信大臣・内務大臣・外務大臣・東京市長などを歴任し、関東大震災後は帝都復興院総裁を務めた後藤新平が見学に訪れた。彼はいたく感動し、会場から東京市会議員に宛てて、

「本日大阪記念博覧会に臨み市民生活に刺激を与ふるところの一大教訓を得たり。実に東京において見る能はざる学俗接近の臨時機関たり。特に市会議員諸君に観光団として来遊せられんことを勧告す。東京市民の為に深厚なる福音たるべし」と電報を打ち、

「豊公館を見て考え込んだことであるが大阪歴史を記念するためにも、また市民の修養のためにも大阪城に豊公館の如く豊公築城当時の建築構造をよく研究して今の位置に常設的に天守閣を建造して、これを博覧会とかの会場に充ててはどうかと思ふ。（中略）東京や各地の府県市会議員なども、つまらぬ問題で議論しているよりは一度この大大阪博を見学する方がよいと思ふ」と語った。

この日、関一市長は大阪商業会議所で後藤新平と面談した。関市長による天守閣復興計画の背景には、こうした後藤新平の意見があったと考えられる。だとすれば、後藤新平こそ、天守閣復興の陰の功労者だったことになる。

四十九　石炭王

大阪城天守閣の所蔵品に「慶長九年甲辰八月吉日」銘の高麗橋の擬宝珠がある。大坂夏の陣に徳川方として参戦した安藤重長が戦利品として持ち帰ったもので、重長の子孫である磐城平藩主の安藤家に伝来した。

高麗橋は豊臣大坂城の最外郭である西惣構堀に架けられた橋で、豊臣時代には高麗橋の北に浜の橋、南に平野町橋・淡路町橋・備後橋・本町筋橋・久太郎町橋・久法寺町橋・かんとうし町橋・うなぎ谷町橋・横橋が架かっていた（『当代記』）。

江戸時代になると、この堀の西側に、並行する南北方向の堀がもう一本、開削された。

現代とは違って、江戸時代にはその地域で最も身分の高い人のいる場所を上にして地図が作られた。京都は天皇の御所が町の北に位置するので、現代と同じように北が上の地図であったが、大坂では大坂城が町の東にあったので、東を上にした地図が作成された。

そのため江戸時代の大坂では、東西が縦で、南北は横と認識され、南北方向の堀を「横堀」と呼んだ。豊臣大坂城の西惣構堀は、江戸時代には「東横堀」と呼ばれるようになり、西側の堀は「西横堀」と呼ばれた。

たくさんの堀が走り、「水の都」と形容された大坂ではあったが、実は「横堀」はこの二つしかなく、他は全て東西方向の「竪（縦）堀」だった。

江戸時代の東横堀には北から、今橋・高麗橋・平野町橋・思案橋・本町橋・農人橋・久宝寺橋・安堂寺橋・末吉橋・九之助橋が架けられ、のちに九之助橋の南に、さらに瓦屋橋・上大和橋が架けられた。

豊臣時代と江戸時代とでは多くの橋でその名が変わったが、高麗橋の名前はそのまま継承された。

その「高麗橋」という名称であるが、古代、難波の地には外国使節の迎賓館で、宿泊施設でもあった「難波館《なにわのむろつみ》」（鴻臚《こうろ》館《かん》）が設けられ、その内の「高麗館」がこの地にあったため、「高麗橋」と名付けられたとも、豊臣秀吉の時代には、この辺りが朝鮮との通商の拠点であったので、そう呼ばれるようになったとも伝えられる。

さて、磐城平藩主の安藤家に伝来した高麗橋の擬宝珠であるが、第二次大戦後、カステラの「銀装」の創業者である赤木康夫氏が入手し、心斎橋の店先に飾って自慢の種とされていた。その後、赤木氏が、陳情などを通じて親交のあった吉田茂元首相の大磯邸にこの擬宝珠を持参したところ、モノ自体も、伝来もおもしろいといって、吉田元首相がいたく気に入った様子だったため、赤木氏は擬宝珠をそのまま大磯邸に置いて、帰って来たという。

赤木氏はいずれ折をみて引き取り、大阪城天守閣に寄贈したいとの意向を持ち、その旨を吉田元首相にも伝えていた。

吉田元首相は庭の一角に擬宝珠を置いて楽しんだが、結局、赤木氏に戻さぬまま亡くなり、遺品整理の一環で、吉田元首相の娘婿である麻生太賀吉氏が、吉田家の名代として、大阪城天守閣に擬宝珠を寄贈くださった。太賀吉は「筑豊の石炭王」として著名な麻生太吉の孫で、麻生商店・麻生鉱業・麻生セメントの社長を歴任し、九州電力の会長も務めた。太賀吉の長男が麻生太郎元首相（現、自民党副総裁）である。

ところで、麻生太吉とともに、「筑豊の石炭王」と並び称される伊藤伝右衛門も大阪城天守閣と深いかかわりがある。

伊藤伝右衛門といえば、二十五歳も年下の伯爵家の令嬢柳原燁子《やなぎわらあきこ》を後妻に迎え、「美女を金で買った狒々《ひひ》じじい」として有名である。柳原燁子は歌人「柳原白蓮《びゃくれん》」の名で知られ、叔母の柳原愛子《なるこ》は大正天皇の生母であるから、大正天皇の従妹にあたる。

燁子は十年の結婚生活ののち、大正十年（一九二一）十月二十日、社会運動家で法学士の宮崎龍介のもとへと奔《はし》った。龍介は、日本で孫文たちを支持し辛亥革命を支えた宮崎滔天《とうてん》の息子で、燁子が夫伝右衛門に突き付けた絶縁状は同月二十二日付の大阪朝日新聞の夕刊紙上に全文公開され、大きな社会的反響を呼び起こした。

その伊藤伝右衛門は、戦前、京都・龍安寺の塔頭西源院旧蔵の襖絵を大阪城天守閣に寄託くださっていた。仙人図（群仙図）・琴棋書画図・竹林に虎図・芭蕉図・吉野山図の合計七十一面で、いずれも狩野永徳筆と伝える桃山時代の豪華な襖絵である。

大阪城天守閣は、第二次大戦の激化にともない、昭和十七年（一九四二）九月二十五日で休館を余儀なくされ、陸軍、さらにはＧＨＱに接収されたため、その間の事情は詳らかではない。戦後、これらの作品の多くは海外にわたり、一部はアメリカのメトロポリタン美術館やシアトル美術館などの所蔵品になっている。幸い平成二十二年（二〇一〇）に仙人図・琴棋書画図の一部六面、平成三十年には芭蕉図九面が龍安寺に買い戻された。

五十　虎

大阪城天守閣最上層の黒壁に各面二頭ずつ、計八頭の虎のレリーフが取り付けられている。

現在の大阪城天守閣は昭和天皇の即位御大典記念事業として復興され、昭和六年（一九三一）十一月七日に竣工した。

復興天守閣の設計を担当したのは古典建築に造詣の深い古川重春氏（一八八二〜一九六三）で、古川氏は大阪市土木部建築課の嘱託職員として、豊臣大坂城天守の復元研究と復興天守閣の設計書作成に従事した。

古川氏は復興天守閣が竣工した翌月、その設計過程や建築物としての復興天守閣の詳細をまとめた『錦城復興記』（ナニワ書院）を刊行した。古川氏の手元に残された設計原図・設計書・仕様書など四百十六点は、平成九年度に、古川氏のご子息古川禎一氏から一括で大阪城天守閣にご寄付いただき、その内百四十七点が「昭和六年大阪城天守閣復興に係わる設計原図等関係資料」の名称で、平成二十六年度に大阪市指定文化財となった。

設計にあたって古川氏が最大の拠り所としたのは元筑前福岡藩主の黒田侯爵家に所蔵されていた「大坂夏の陣図屛風」（現在は大阪城天守閣蔵。重要文化財）に描かれた豊臣大坂城の天守であるが、古川氏はそれだけに頼るのではなく、各地に残る桃山時代の城郭建築を丹念に調査・研究し、その成果も盛り込んで緻密な設計図を仕上げた。

虎のレリーフを取り付けたのは、「大坂夏の陣図屛風」の天守のその部分に虎が描かれていたからであるが、レリーフの虎は、狩野永徳・山楽の描いた虎を参考に日本画家の竹内栖鳳《せいほう》が下絵を描き、鋳金家の大国壽郎《おおくにじゅろう》が石膏の原型を製作。これをもとに大阪山中製煉所が滋賀県彦根市の作業場で完成させた。

さて、虎といえば、朝鮮出兵の際、豊臣秀吉が諸将に虎狩りを命じたことが知られている。

そもそものきっかけは文禄元年（一五九二）十二月に、肥前名護屋城にいた秀吉のもとに、朝鮮半島に出陣中の亀井茲矩《これのり》から現地で捕らえた虎一頭が贈られてきたことである。

日本にはいない珍しい猛獣が贈られたことをたいそう喜んだ秀吉は、その虎を京都・

聚楽第の関白秀次のもとに送り、さらに後陽成天皇の叡覧に供するよう指示した。

その後も、加藤嘉明・中川秀成・鍋島直茂・吉川広家といった諸将から、彼らが仕留めた虎の肉や皮・肝などが相次いで秀吉のもとに送られてきた。

そして、文禄三年十二月二十五日、豊臣政権の奉行である浅野長政と木下吉隆の連署状で、朝鮮出陣中の諸将に対し、虎狩りが命じられたのである。

この虎狩りは「虎御用」と呼ばれ、年を取り、体力に衰えの目立つ秀吉の養生のため、虎の頭・肉・腸《はらわた》をしっかりと塩漬けにして送れ、というもので、皮は不要なので好きにするがいい、と伝えている（「吉川家文書」）。

命を受けた諸将は競って虎狩りに精を出した。

江戸時代に秀吉人気を決定づけた『絵本太閤記』には、加藤清正と後藤又兵衛の虎狩りに関するエピソードが紹介されている。清正のものは以下のとおりである。

ある日、清正の陣中に裏山から大虎が現れ、馬を咥《くわ》えて走り去った。夜更けにもこの大虎が現れて、今度は小姓の上月左膳が食い殺された。我が武名の恥辱を晴らさんと、清正は数千の軍勢で山を取り巻き、鐘を鳴らし、鼓を打って、かの大虎を追い立てた。ようやく姿を現した大虎は毛を逆立て、大口を開いて飛びかかってきたが、清正は家臣を止めて、ただ一人で大虎に立ち向かい、狙いを定めて鉄砲を放ったところ、見事弾丸が口中を貫き、大虎を仕留めたという。

清正が討ち取ったと伝える虎二頭の頭蓋骨が名古屋の徳川美術館に所蔵される。清正の孫娘が旗本の阿倍家に嫁いだ際に持参し、同家に伝来したもので、享保十五年（一七三〇）には将軍吉宗にも披露された。

『絵本太閤記』には、生け捕りにされて秀吉のもとに送られてきた虎の絵も掲載されているが、秀吉はそうした虎を檻《おり》に入れ、大坂城で飼ったとも伝えられる。

ところで、復興天守閣が竣工して四年後、昭和十年に、東京巨人軍（現、読売巨人軍）に次ぐ第二のプロ野球チームとして大阪タイガース（現、阪神タイガース）が誕生した。「タイガース」の名称は、阪神電鉄社員の公募によって決定されたといい、当時の大阪が「煙の都」と呼ばれ、日本一の工業都市として繁栄したことから、アメリカ随一の工業都市デトロイトのデトロイト・タイガースにならったとされる。けれども、この説に明確な根拠はなく、当時のプロ野球連盟の関西の責任者は、復興されて新たな大阪のシンボルとなった大阪城天守閣の虎がチーム名の由来であると伝えている（『日本経済新聞』二〇〇三年八月十三日付夕刊）。

あとがき

今から十年前、平成二十三年十一月七日、大阪城天守閣は昭和六年十一月七日の竣工以来、八十周年の記念日を迎えた。

私はこの平成二十三年の一年間を記念イヤーとし、「大阪城天守閣復興八〇周年記念プロジェクト」を立ち上げた。

大阪城天守閣復興の経緯、建造物としての大阪城天守閣の価値、大阪城天守閣の博物館としての活動、そして大坂城の歴史を一人でも多くの人に知ってもらいたいと思い、さまざまな事業を展開したが、一方で私は、この「八〇周年記念プロジェクト」を平成二十六・二十七年の「大坂の陣四〇〇年」の序章とも位置付けた。

「大坂の陣四〇〇年」に向けては、大阪市だけでなく、大阪府や大阪観光局、関西・大阪21世紀協会、歴史街道推進協議会、大阪市博物館協会、さらに関西経済連合会、関西経済同友会、大阪商工会議所の財界三団体、朝日新聞、毎日新聞、読売新聞、産経新聞、日本経済新聞の新聞各社、ＮＨＫ大阪放送局、毎日放送、朝日放送、関西テレビ、読売テレビ、テレビ大阪、ラジオ大阪、エフエム大阪などの放送各社、ＪＲ西日本、近鉄、阪急、阪神、南海、京阪の鉄道各社などにお声がけして「大坂の陣四〇〇年プロジェクト実行委員会」を組織し、オール大阪で「大坂の陣四〇〇年」に取り組む体制を作り上げた。

その一方で、私自身は、大坂城の歴史や大坂の陣という戦いの意味を知ってもらうため、全国各地で講演を行ない、新聞等にいくつもの連載を持った。最も長期にわたったのが産経新聞（大阪本社版）の「大阪城　不思議の城」で、平成二十三年六月十一日から平成二十七年十二月五日まで、月一回のペースで連載した。

その連載五十三回分に新稿七編を加えて、平成二十八年十月に大阪の新風書房から『大坂城と大坂の陣―その史実・伝承』を刊行したが、「あとがき」に「本書をまとめるにあたって、新稿七編を加えたが、それでも連載時に候補として列挙したテーマの内、まだ四十以上が残っている。これらについては、また何かの機会に書いてみたい」と記したところ、十一月十五日付で新潮社新潮新書編集部の松倉裕子さんから、その四十余話を「新書『大阪城』として御執筆・御出版頂けないか」とのお手紙を頂戴した。これが本書誕生のきっかけである。

十二月一日には、松倉さんがわざわざ大阪城天守閣まで足を運んでくださった。私にとっては、願ってもないお話だったので、迷わずお引き受けした。

けれど、生来の怠け癖に加えて、平成三十年一月頃から体調を崩し、体力だけでなく、気力もすっかり衰え、その上、公務は相変わらず多忙をきわめたため、遅々として筆が進まず、松倉さんからお手紙を頂戴してから、まる五年もかかって、ようやく本書をまとめることができた。この間、辛抱強く私の原稿を待ち、激励を続けてくださった松倉さんには、この場を借りて、あらためてお詫びとお礼を申し上げる。

そして、執筆にあたっては多くの先行研究を参考とさせていただいた。とりわけ大阪城天守閣の先輩学芸員である故岡本良一氏、渡辺武氏、内田九州男氏、中村博司氏、後輩学芸員である宮本裕次氏、跡部信氏の研究成果に多くを依拠した。ここに記して謝意を表する。

大坂城の歴史は本願寺八世の蓮如による大坂（石山）御坊の創建に始まる。一向一揆の総司令部・大坂本願寺。十年間に及ぶ「石山合戦」。織田信長の大坂城、池田恒興の大坂城。羽柴（豊臣）秀吉の築城。天下統一。関ヶ原合戦。大坂冬の陣・夏の陣。豊臣家の滅亡。徳川幕府による再築。西国支配の拠点。十四代将軍家茂、十五代将軍慶喜の入城。幕末政治の舞台。鳥羽・伏見への幕府軍出撃。慶喜の脱出、落城。明治維新ののちは、日本陸軍が大阪城で産声を挙げ、西南戦争の際には官軍の本営にもなった。

このように大阪城はたびたび日本史の重要な転換点で、その舞台となった。日本史上に名を残す多くの著名人がこの城にかかわり、たくさんのドラマが生まれた。

こんな城郭は日本中のどこを探しても他にない。大坂城こそ「日本一のドラマティック・キャッスル」だ。

本書で紹介した五十の秘話も、この城に残された物語のほんの一端に過ぎない。

今日から三日後、大阪城天守閣は復興九十周年の記念日を迎える。そして、復興百周年に向けて、新たな一歩を踏み出す。

大阪城天守閣は、これからも大坂城の歴史や豊臣秀吉が活躍した時代の調査・研究を続け、その成果を展示や執筆活動・講演活動を通じて公表していくつもりである。引き続き、大阪城天守閣の活動に温かいご支援を賜らば幸いである。

令和三年十一月四日

著者記す

〈参考文献〉

秋山進午・内田九州男・中村博司・渡辺武著『大阪城への招待Ⅰ』（大阪観光協会・ワラヂヤ出版）
天岸正男「豊臣秀頼母子慶長二十年石造五輪塔―紀伊高野山金石遺記（三）―」（『史迹と美術』三〇‐八）
跡部信「正史から消された豊臣の末裔」（映画『プリンセス トヨトミ』プログラム、東宝）
跡部信「天下人秀吉の出自と生い立ち」（播磨学研究所編『姫路城主「名家のルーツ」を探る』所収、神戸新聞総合出版センター）
跡部信・北川央「鳥取市・景福寺、鳥取県立博物館　豊臣時代資料・史跡調査概報」（『大阪城天守閣紀要』三八）
荒俣宏著『黄金伝説』（集英社文庫）
一心寺編集『一心寺史料展　開山法然上人の頃、中興存牟上人の頃』（空間Zonmudo）
井上安代著『千姫』（自家版）
井上安代編著『豊臣秀頼』（自家版）
魚澄惣五郎著『京都史話』（西田書店）
内田九州男「近世初頭大坂の支配について―国奉行制と大坂藩―」（『歴史評論』三九三）
大阪城天守閣編集『天守閣復興六十周年記念特別展　豊臣秀吉展』（大阪城天守閣特別事業委員会）
大阪城天守閣編集『生誕400年記念特別展　豊臣秀頼展』（大阪城天守閣特別事業委員会）
大阪城天守閣編集『特別展　戦国の五十人』（大阪城天守閣特別事業委員会）
大阪城天守閣編集『秀吉と桃山文化―大阪城天守閣名品展―』（大阪城天守閣特別事業委員会）

参考文献

大阪城天守閣編集『特別展　幕末の大坂城―将軍家茂・慶喜の居た城―』（大阪城天守閣特別事業委員会）
大阪城天守閣編集『特別展　戦国の女たち―それぞれの人生―』（大阪城天守閣特別事業委員会）
大阪城天守閣編集『特別展　大坂再生―徳川幕府の大坂城再築と都市の復興―』（大阪城天守閣特別事業委員会）
大阪城天守閣編集『特別展　大阪城の近代史』（大阪城天守閣特別事業委員会）
大阪城天守閣編集『テーマ展　秀吉の貌―変遷するイメージ―』（大阪城天守閣特別事業委員会）
大阪城天守閣編集『特別展　大坂図屛風―景観と風俗をさぐる』（大阪城天守閣特別事業委員会）
大阪城天守閣編集『大阪城・上田城　友好城郭締結記念　特別展　真田幸村と大坂の陣』（大阪城天守閣特別事業委員会）
大阪城天守閣編集『テーマ展　描かれた大坂城・写された大阪城』（大阪城天守閣特別事業委員会）
大阪城天守閣編集『大阪城・エッゲンベルグ城友好城郭締結記念特別展　豊臣期大坂図屛風』（大阪観光コンベンション協会）
大阪城天守閣編集『大阪城天守閣復興80周年記念特別展　天守閣復興』（大阪城天守閣）
大阪城天守閣編集『大坂の陣４００年記念　特別展　浪人たちの大坂の陣』（大阪城天守閣）
大阪城天守閣編集『特別展　幕末大坂城と徳川将軍』（大阪城天守閣）
大阪城天守閣編集『テーマ展　浮世絵師が描いた乱世』（大阪城天守閣）
太田浩司「伝羽柴秀勝墓の謎に迫る」（市立長浜城歴史博物館『神になった秀吉―秀吉人気の秘密を探る―』）
大野正義「淀殿実弟　浅井作庵」（『地域文化誌まんだ』一六）

大山誠一著『〈聖徳太子〉の誕生』（吉川弘文館）
岡本良一著『大坂冬の陣夏の陣』（創元新書）
岡本良一著『図説　大坂の陣』（創元社）
岡本良一著『秀吉と大坂城　岡本良一史論集上巻』（清文堂出版）
岡本良一・守屋毅編『明治大正図誌　第十一巻　大阪』（筑摩書房）
笠谷和比古著『関ヶ原合戦』（講談社選書メチエ）
笠谷和比古著『関ヶ原合戦四百年の謎』（新人物往来社）
笠谷和比古著『関ヶ原合戦と近世の国制』（思文閣出版）
笠谷和比古著『戦争の日本史一七　関ケ原合戦と大坂の陣』（吉川弘文館）
柏木輝久著、北川央監修『大坂の陣 豊臣方人物事典』（宮帯出版社）
片山正彦「秀吉の出自は、百姓・農民だったのか」（日本史史料研究会編『秀吉研究の最前線 ここまでわかった「天下人」の実像』所収、洋泉社・歴史新書y）
香月靖晴他著『筑豊を歩く』（海鳥社）
川口良仁企画、錦織啓聞き書き、石戸英二さし絵、村田隆志解説『ひらののオモロイはなし』（平野の町づくりを考える会）
河出書房新社編集部編『図説　徳川慶喜』（河出書房新社）
川西健士郎「〈決戦 大坂の陣四百年〉美貌の若武者 木村重成 家康感服『比類なき』美学」（『産経新聞』大阪本社版二〇一五年七月七日付夕刊）
北川央著『増補版　大阪城ふしぎ発見ウォーク』（フォーラム・A）

北川央著『大坂城と大坂の陣―その史実・伝承』（新風書房）
北川央著『なにわの事もゆめの又ゆめ―大坂城・豊臣秀吉・大坂の陣・真田幸村―』（関西大学出版部）
北川央著『大阪城・大坂の陣・上町台地―北川央対談集―』（新風書房）
北川央著『近世の巡礼と大坂の庶民信仰』（岩田書院）
北川央編著『おおさか図像学―近世の庶民生活』（東方出版）
北川央「神に祀られた秀吉と家康―豊国社・東照宮―」（網野善彦・石井進・福田豊彦監修　佐久間貴士編『よみがえる中世2　本願寺から天下一へ　大坂』所収、平凡社）
北川央「豊臣秀頼の右筆大橋龍慶の木像」（『観光の大阪』四六五・四六六）
北川央「神影　秀吉の神影に隠された謎」（『歴史群像』二四）
北川央「秀頼をめぐる噂の真相」（『歴史読本　臨時増刊　豊臣家崩壊』）
北川央「大坂冬の陣図屏風・夏の陣図屏風に描かれた大坂城―極楽橋の検討―」（和歌山県立博物館『特別展　戦国合戦図屏風の世界』）
北川央「豊臣秀吉像と豊国社」（黒田日出男編『肖像画を読む』所収、角川書店）
北川央「大阪城天守閣―復興から現在にいたるまで―」（『歴史科学』一五七）
北川央「大阪府下における大坂の陣　真田幸村関係伝承地」（松代藩文化施設管理事務所『真田三代～近世大名への道～』）
北川央「神影『豊国大明神』としての秀吉像」（『歴史群像シリーズ　戦国セレクション　驀進　豊臣秀吉』）
北川央「戦争と民衆―『大坂夏の陣図屏風』の世界」（『歴史地理教育』六五五）

北川央「辰巳池」（明治生命保険相互会社〝関西を考える〟会編集『関西の池紀行―池が映す歴史と文化―』）
北川央「大坂の陣に蠢いた女性たち」（『歴史読本』五〇―一二）
北川央「〈風の響き〉『あの顔』」（『毎日新聞』大阪本社版二〇〇五年四月十五日付夕刊）
北川央「大坂の陣」（平野区誌編集委員会編集『平野区誌』所収、創元社）
北川央「平野郷町と街道」（平野区誌編集委員会編集『平野区誌』所収、創元社）
北川央「浅井三姉妹の長女―淀殿」（小和田哲男編著『戦国の女性たち　16人の波乱の人生』所収、河出書房新社）
北川央「徳川大坂城・二百五十年絵巻　徳川の命運握る大坂城。」（『大阪人』六〇―四）
北川央「大坂城図屛風」（『大阪城天守閣紀要』三五）
北川央「大坂城と城下町大坂―豊臣から徳川へ―」（懐徳堂記念会編『大坂・近畿の城と町』所収、和泉書院）
北川央「それからのお市と娘たち」（小和田哲男編『浅井長政のすべて』所収、新人物往来社、のち小和田哲男編『浅井三姉妹の真実』新人物文庫に再録）
北川央「親の仇・秀吉の側室となった長女　茶々の波乱の前半生を追う」（『歴史人』四、のち『歴史人別冊　お江の真実』に再録）
北川央「豊臣逆転の勝算あり！天下人を決する戦国最大最後の戦い」（『歴史街道』二八一、のち歴史街道編集部編『戦国時代を読み解く新視点』ＰＨＰ新書に再録）
北川央「尼になった豊臣秀頼の娘」（『ちょっといい話』第十集所収、一心寺・新風書房）

北川央「豊臣秀頼の息子たち」（『ちょっといい話』第十集所収、一心寺・新風書房）
北川央「豊臣秀長と豊臣秀吉」（『歴史読本』五六―一二）
北川央「秀吉の青年時代」（堀新・井上泰至編『秀吉の虚像と実像』所収、笠間書院）
北川央「秀吉の神格化」（堀新・井上泰至編『秀吉の虚像と実像』所収、笠間書院）
北川央「秀吉の顔」（徳川美術館『葵』九九）
北川央「紀州九度山と真田信繁（幸村）」（和歌山社会経済研究所『21世紀WAKAYAMA』八三、のち紀陽銀行地域振興部『経済情報』四五一に再録）
北川央「真田幸村と大坂の陣―智将幸村の生き方・戦い方―」（学士会『NU7』八）
北川央「播磨の豪将・後藤又兵衛」（播磨学研究所編『家康と播磨の藩主』所収、神戸新聞総合出版センター）
北川央「兵庫県加西市・福崎町、岡山県岡山市・早島町　豊臣時代資料・史跡調査概報」（『大阪城天守閣紀要』四三）
北川央「豊臣大坂城の極楽橋と竹生島宝厳寺の唐門」（大阪城天守閣・長浜市長浜城歴史博物館編『豊臣家ゆかりの〝天女の島〟―びわ湖竹生島の歴史と宝物』）
北川央「豊臣秀吉の神格化と豊臣秀吉画像」（大阪市立美術館『特別展　豊臣の美術』）
北川央・跡部信「福岡県福岡市・嘉穂郡嘉穂町・飯塚市　豊臣時代資料・史跡調査概報」（『大阪城天守閣紀要』二九）
北崎礼子「〈ニッポン人脈記〉黄門は旅ゆく④　経営の神様　夢の世直し」（『朝日新聞』大阪本社版二〇〇九年十一月十三日付夕刊）

木下浩良著『戦国武将と高野山奥之院―石塔の銘文を読む―』（朱鷺書房）
木村展子「豊臣秀頼の寺社造営について」（『日本建築学会計画系論文集』四九九）
木村展子「宝厳寺唐門と都久夫須麻神社本殿」（百橋明穂先生退職記念献呈論文集刊行委員会編『美術史歴参　百橋明穂先生退職記念献呈論文集』所収、中央公論美術出版）
桑田忠親著『豊臣秀吉』（角川文庫）
桑田忠親著『太閤豊臣秀吉』（講談社文庫）
桑田忠親・岡本良一・武田恒夫編集『戦国合戦絵屛風集成　第四巻　大坂冬の陣図・大坂夏の陣図』（中央公論社）
小西幸雄著『仙台真田代々記』（宝文堂）
小西幸雄著『真田幸村と伊達家』（大崎八幡宮）
小林計一郎著『真田幸村』（新人物往来社）
齊藤洋一・原口泉「徳川慶喜の起死回生の『食卓外交』」（『NHK趣味どきっ！　幕末維新メシ』）
坂本太郎著『聖徳太子』（吉川弘文館）
櫻井成廣著『豊臣秀吉の居城　大阪城編』（日本城郭資料館出版会）
真田徹著『真田幸村の系譜　直系子孫が語る四〇〇年』（河出書房新社）
真田徹監修『直系子孫が明かす！真田幸村の真実』（宝島社）
司馬遼太郎著『最後の将軍』（文春文庫）
高口恭行著『うえまち　上町台地を想い観る』（一心寺）
高口恭行著『うえまち第二集　上町台地と大坂夏の陣』（一心寺）

高口恭行編『一心寺風雲覚え書き』（一心寺）
高橋あけみ「『世界と日本―天正・慶長の使節―』について」（仙台市博物館『新館開館10周年記念特別展　世界と日本―天正・慶長の使節―』）
高橋圭一著『大坂城の男たち―近世実録が描く英雄像』（岩波書店）
高橋隆博編『新発見　豊臣期大坂図屏風』（清文堂出版）
高藤晴俊「東照宮ゆかりの地を訪ねて―泉州堺・南宗寺―」（『全国東照宮連合会々報』三三）
田口孝「戦国武将真田幸村五女亀田藩二代藩主夫人お田の方について」（岩城文化財保護協会会報『天鷺』二二・二三）
田中塊堂「大橋龍慶とその書流」（『史迹と美術』九―一）
津田三郎著『北政所』（中公新書）
津田三郎著『秀吉英雄伝説の謎　日吉丸から豊太閤へ』（中公文庫）
出原真哉「末吉文書の研究―家系図の検討と末吉太郎兵衛増重―」（『歴史研究』三三三）
出原真哉「末吉文書の大坂の陣記と平野―『見しかよの物かたり』成立事情―」（『日本歴史』六〇二）
土居輝雄著『佐竹史探訪』（秋田魁新報社）
東野治之著『聖徳太子―ほんとうの姿を求めて』（岩波ジュニア新書）
徳川義宣著『言語同断』（淡交社）
直井武久「淀殿の弟―浅井作庵と京極家―」（香川県文化財保護協会『文化財協会報』昭和六十二年度特別号）
中村孝也著『千姫真実伝』（国民文化研究会）

中村孝也著『淀殿と秀頼』（国民文化研究会）
中村博司「淀殿の墓」（『観光の大阪』三七三）
中村博司「御金蔵破り、梶助のこと」（『観光の大阪』三九五・三九六）
中村博司「洋楽伝来―〝現代西洋音楽〟を楽しんだ太閤さん―」（『観光の大阪』四一四）
中元孝迪・北川央・岡村喜史・小栗栖健治「官兵衛・秀吉・一向一揆 ◎ひょうご歴史文化フォーラム」（兵庫県立歴史博物館編、小栗栖健治企画監修『播磨と本願寺 親鸞・蓮如と浄土真宗のひろまり』所収、神戸新聞総合出版センター）
能川泰治「大阪城天守閣復興前史―陸軍史料に見る大阪城の観光地化と浪速神宮造営問題―」（『大阪の歴史』七三）
能川泰治「幕末維新期における政治・社会の変動と大阪城」（『金沢大学歴史言語文化学系論集』史学・考古学篇一二）
服部英雄著『河原ノ者・非人・秀吉』（山川出版社）
林幹彌著『日本人の行動と思想一三 太子信仰 その発生と発展』（評論社）
秀平文忠「秀吉と長浜曳山祭」（市立長浜城歴史博物館『神になった秀吉―秀吉人気の秘密を探る―』）
福田千鶴著『淀殿―われ太閤の妻となりて―』（ミネルヴァ書房）
福田千鶴著『江の生涯』（中公新書）
福田千鶴著『後藤又兵衛』（中公新書）
福本日南著『大阪城の七将星』（東洋書院）
藤田達生著『本能寺の変の群像―中世と近世の相剋』（雄山閣出版）

藤田達生「『鞆幕府』論再考」（福山市鞆の浦歴史民俗資料館『特別展　鞆幕府　将軍　足利義昭〜瀬戸内・海城・水軍〜』）
二木謙一著『大坂の陣』（中公新書）
フランツ・フェルディナント著　安藤勉訳『オーストリア皇太子の日本日記—明治二十六年夏の記録—』（講談社学術文庫）
古川重春著『錦城復興記』（ナニワ書院・寶文館）
古谷正覚・千田稔・石川知彦・中村秀樹著『淡交ムック　たずねる・わかる　聖徳太子』（淡交社）
牧英正著『道頓堀裁判』（岩波新書）
牧英正「昭和の大阪城天守閣築造」（『大阪市公文書館研究紀要』五）
桝田栄司監修、平野の町づくりを考える会編集『おもろいで平野—写真で見る大阪平野今昔—』（和泉書院）
松浦玲著『徳川慶喜』（中公新書）
松村博著『大阪の橋』（松籟社）
松本多喜雄著『播州後藤氏の栄光—後藤又兵衛基次の系譜』（神戸新聞出版センター）
宮本裕次「重要文化財　金蔵」解説シート（大阪市・大阪市公園協会）
宮本裕次「大坂の陣と周辺村落—地域社会における対立と領主権力—」（『大阪城天守閣紀要』三二）
宮本裕次「末吉家の躍進」（平野区誌編集委員会編集『平野区誌』所収、創元社）
宮本裕次「〈幕末・維新一五〇年　上町台地ゆかりの地を訪ねる①〉大坂でも起きた『桜田門外の変』」（『うえまち』一四六）

宮本裕次「幕末の政局と大坂城」（二〇一四年度～二〇一八年度科学研究費補助金・基盤研究B研究成果報告書『幕末期における大坂・大坂城の軍事的役割と畿内・近国藩』所収）
三善貞司編『大阪人物辞典』（清文堂出版）
村田路人「近世平野郷の成立」（平野区誌編集委員会編集『平野区誌』所収、創元社）
八尾市立歴史民俗資料館編集『平成十二年度特別展　絵図が語る八尾のかたち』（八尾市教育委員会）
八尾市立歴史民俗資料館編集『平成十二年度企画展　寺院と神社の成り立ち―寺社縁起の世界―』（八尾市教育委員会）
八尾市立歴史民俗資料館編集『平成十五年度特別展　大坂の陣と八尾―戦争とその復興―』（八尾市教育委員会）
湯本文彦「豊太閤改葬始末」（『史学雑誌』一七―一）
横田冬彦「豊臣政権と首都」（日本史研究会編『豊臣秀吉と京都　聚楽第・御土居と伏見城』所収、文理閣）
吉村昭著『桜田門外ノ変』上・下（新潮文庫）
吉村武彦著『聖徳太子』（岩波新書）
渡邊明義「禅林寺蔵当麻曼荼羅の軸木銘について」（『佛教藝術』一二二）
渡邊大門著『秀吉の出自と出世伝説』（洋泉社・歴史新書y）
渡辺武著『図説　再見大阪城』（大阪都市協会）
渡辺武著『大阪城歴史散策』（保育社カラーブックス）
渡辺武著『大阪城秘ヒストリー』（東方出版）

参考文献

渡辺武著『大阪城話』(東方出版)
渡辺武著『戦国のゲルニカ―「大坂夏の陣図屛風」読み解き』(新日本出版社)
渡辺武・内田九州男・中村博司著『大阪城ガイド』(保育社カラーブックス)
渡辺世祐著『豊太閤の私的生活』(講談社学術文庫)

写真・十三頁（大阪城天守閣提供）
他は全て著者撮影

北川央　1961年大阪府生まれ。神
戸大学大学院文学研究科修了。織
豊期政治史、近世庶民信仰史、大
阪地域史。大阪城天守閣館長。九
度山・真田ミュージアム名誉館長。
『大坂城と大坂の陣』等著書多数。

新潮新書

932

大坂城《おおさかじょう》

秀吉《ひでよし》から現代《げんだい》まで50の秘話《ひわ》

著者　北川央《きたがわひろし》

2021年12月20日　発行

発行者　佐藤隆信

発行所　株式会社 新潮社

〒162-8711　東京都新宿区矢来町71番地
編集部(03)3266-5430　読者係(03)3266-5111
https://www.shinchosha.co.jp

装幀　新潮社装幀室

組版　新潮社デジタル編集支援室

印刷所　株式会社光邦

製本所　株式会社大進堂

ISBN978-4-10-610932-4 C0221

価格はカバーに表示してあります。